LE

DOSSIER DE LA GUERRE

DE 1870

aris. — Impr. Paul Dupont, rue J.-J.-Rousseau, 41 (hôtel des Fermes).

PUBLICATION DU JOURNAL *LA FRANCE*

LE DOSSIER DE LA GUERRE DE 1870

PRÉFACE

DE

M. ÉMILE DE GIRARDIN

> « Un des reproches les plus graves qu'on puisse adresser au gouvernement, reproche qui tous les jours devrait, si nous avions une opposition vraiment nationale, retentir à ses oreilles, c'est de n'avoir pas profité des douze dernières années de paix pour organiser militairement le pays, de façon que la France n'ait jamais à craindre une invasion. »
>
> (Prince LOUIS NAPOLÉON, *Progrès du Pas-de-Calais*, 20 avril 1843.)

PARIS

GARNIER FRÈRES, LIBRAIRES-ÉDITEURS

6, RUE DES SAINTS-PÈRES, 6

23 septembre 1877.

Demain, 24 septembre 1877, s'ouvrira la période électorale.

Les colléges électoraux sont convoqués.

Dans vingt jours, le 14 octobre prochain, auront lieu les élections générales.

Dans vingt jours, la France, itérativement consultée par le dépositaire du pouvoir exécutif, répondra à son appel.

Par ces deux dates s'explique la publication de ce volume, destiné à éclairer le vote des électeurs. Soit qu'ils donnent, soit qu'ils refusent leur suffrage à un candidat impérialiste, il importe qu'ils sachent ce qu'ils font. Les interventions de la France dans les affaires intérieures des autres nations, et ses expéditions militaires lui ont coûté trop cher pour que, désormais, elle s'expose aveuglément à une troisième invasion et à un troisième démembrement, qui, cette fois, serait le dernier, car ce serait le partage du territoire français entre l'Allemagne et l'Italie, dont l'alliance touche à la complicité.

Ce volume, uniquement composé de documents officiels et de pièces acquises à l'histoire, convaincra tous ceux qui le liront que, d'avril 1854 à juillet 1870, la France a constamment marché vers le fatal dénoûment de janvier 1871, par le fait de l'impéritie de l'empereur Napoléon III et de l'incurie de ses ministres.

Il ne suffit pas d'avoir de bonnes intentions.

Ce n'est pas avec de bonnes intentions seulement que l'empereur Napoléon Ier gagnait les batailles d'Austerlitz, d'Iéna, d'Eylau, de Friedland, d'Essling et de Wagram. Jamais sa vigilance ne s'endormait; elle s'étendait à tous les détails, les plus petits comme les plus grands, dont nul n'était mieux placé que lui pour apprécier exactement toute l'importance, car il campait sur le champ de bataille. Ce n'était pas un militaire qui n'avait du général que l'uniforme qu'il s'était acheté : il savait la guerre, parce qu'il l'avait apprise; il la savait, parce qu'il en avait fait à tous les degrés et à tous les titres le rude apprentissage.

Maintenant que la lumière s'est faite presque entièrement sur le second empire, ce qui surprend, ce dont on ne revient pas, c'est qu'il ait pu tenir debout et durer pendant dix-huit ans. Il n'a pas été le règne de l'habileté, il a été le règne du bonheur. On ne saurait imaginer une incapacité plus grande, une imprévoyance plus aveugle, une inconséquence plus absolue, une témérité plus inexcusable alliée à une timidité plus impardonnable. La pire des politiques, en tous temps et en tous pays, a toujours été et sera toujours celle des velléités, celle qui ose et celle qui n'ose plus, celle qui ose assez pour compromettre tout et qui n'ose pas assez pour résoudre rien.

A ces traits, on reconnaît tout de suite la politique incohérente qui a engagé l'expédition de Crimée, l'expédition d'Italie, l'expédition du Mexique, l'expédition de Mentana, et qui, après avoir jeté le roi Victor-Emmanuel dans les bras du roi Guillaume, s'est brouillée avec celui-ci, en 1870, et lui a déclaré la guerre parce que le général Prim, à bout de tentatives, toutes infructueuses, avait noué une négociation qui, si elle eût réussi, eût fait monter sur le trône d'Espagne un prince allemand au lieu d'un prince italien. Sérieusement, quelle raison la France avait-elle de s'opposer à ce que le prince de Hohenzollern (Léopold) devînt un roi espagnol? Est-ce que la Prusse avait fait la moindre objection à ce que le prince Napoléon (Jérôme) devînt le gendre du roi d'Italie?

Pour que la France fût arrachée à ses habitudes de paix de plus en plus invétérées et prît feu contre le prince de Bismarck, il a fallu ces deux choses :

La première, qu'elle se crût outragée;

La seconde, qu'elle se crût prête.

Outragée! Elle ne l'avait pas été. Coupable imposture!

Prête! Elle ne l'était pas. Criminel mensonge!

C'est ce mensonge que ce livre met à nu.

Il atteste, il prouve qu'à aucune époque, sous l'empereur, heureusement dernier, les déclarations de ses ministres de la guerre, les plus solennelles, celles certifiées par son premier ministre, par M. Rouher, n'ont été vraies.

S'il est un crime d'État qui doit être irrémissiblement puni et cruellement expié, n'est-ce pas celui qui trompe une nation sur sa puissance militaire, en lui faisant croire qu'elle a des forces qu'en réalité elle n'a pas? N'est-ce pas celui qui fait couler des flots du sang le plus pur et plonge dans la douleur et le deuil des familles sans nombre?

Est-ce qu'après avoir fait, pendant trente années de ma vie de publiciste, la guerre à la guerre, j'aurais tout à coup, le lendemain de la déclaration du 7 juillet 1870, changé de langage, si je n'avais pas été induit en erreur, si je n'avais pas été l'objet des instances les plus pressantes, si l'on n'était pas venu me chercher dans ma retraite et me dire: « Maintenant que la guerre est déclarée, maintenant « qu'elle est inévitable, il ne s'agit plus de faire « des sermons en faveur de la paix; il s'agit « d'être victorieux! Avant de combattre matériellement les Prussiens, il faut les avoir « vaincus moralement: il faut que notre vail-

« lante armée sente qu'elle a derrière elle et
« devant elle la nation tout entière frémis-
« sante ; il faut qu'elles s'appuient l'une sur
« l'autre avec une égale et réciproque con-
« fiance (1). La victoire n'est pas douteuse.
« Elle l'est moins encore qu'elle ne l'était en
« Crimée et en Italie, car nous sommes plus
« prêts que nous ne l'avons jamais été. Il ne
« nous manque pas un bouton de guêtre ? »

Si j'avais hésité, si je n'avais pas tenu le langage martial que j'ai tenu, si je n'avais pas eu l'attitude belliqueuse que j'ai eue, si je n'avais pas été le premier à m'inscrire pour 10,000 francs en tête de la souscription ouverte en faveur des blessés, je me serais considéré comme un de ces Français dégénérés, pour lesquels la patrie n'est qu'un mot, dont souvent même ils se raillent.

J'ai au cœur deux amours inséparables aux

(1) LE GOUFFRE, questions des années 1870 et 1871, p. 185.

quels je n'ai pas, dans toute ma vie, à me reprocher une seule infidélité, une seule défaillance : l'amour de mon pays, et l'amour de la liberté.

Et comment, après toutes les assurances qui m'avaient été données, toutes les communications qui m'avaient été faites, toutes les déclarations que j'avais sous les yeux, déclaration du maréchal Randon en 1867, du maréchal Niel en 1869, de l'empereur, même année, du maréchal Lebœuf et de M. Rouher, président du Sénat, en 1870, aurais-je pu douter un seul instant de la victoire ?

Ce que l'on s'était bien gardé de me communiquer, c'était tous les documents qui auraient pu m'éclairer et me glacer. Je le dis en toute conscience, sans influence d'aucun esprit de parti, l'empereur et ses ministres, déjà avertis par l'expédition de Crimée et par l'expédition d'Italie, sont coupables, s'ils ne la savaient pas, d'avoir ignoré, en 1870, la vérité qu'ils devaient connaître, et, s'ils la savaient, de ne l'avoir pas dite, de l'avoir cachée, plus que cela encore, de l'avoir induite en faux témoignage.

Ils sont inexcusables, car s'ils avaient un effort à faire pour stimuler l'opinion, ils n'en avaient aucun à tenter pour la retenir. Ils avaient besoin d'éperons, ils n'avaient pas besoin de mors. Je puis dire que j'en ai fait personnellement l'expérience.

Aussi ne pardonnerai-je jamais à l'empire de s'être, jusqu'au dernier moment, servi de moi, en me trompant, pour tromper mes lecteurs et le pays.

Si l'empereur et ses ministres ne m'eussent pas trompé, comme ils ont trompé le Corps législatif, comme ils ont trompé la France entière, en lui faisant accroire qu'elle avait été outragée quand cela n'était pas vrai, j'eusse fait, en juillet 1870, ce que j'avais fait en juillet 1840, où je fus seul dans toute la presse à rétablir la vérité et à éteindre sous mon pied l'étincelle de la guerre qui allait incendier l'Europe; j'eusse crié de toute la force de mes poumons :

« On vous ment! on vous ment! La Prusse « et son roi n'ont insulté ni la France, ni son « ambassadeur. Si le prince de Hohenzollern « est une carte dans le jeu du comte de Bis- « marck, gardons-nous qu'il s'en serve contre « nous comme on se sert du sept de pique « quand il est atout, pour couper le roi de « cœur, de carreau ou de trèfle! Demeurons « à l'écart. Si le prince de Hohenzollern triom- « phe en Espagne des immenses et innom- « brables difficultés qu'il aura à y vaincre, ce « sera tant mieux pour les finances euro- « péennes, ce sera tant mieux pour tous les « nombreux Français porteurs de valeurs es- « pagnoles discréditées; si, au contraire, il y « succombe, ce sera tant pis pour le comte de

« Bismarck et pour le succès des plans dont « il poursuit l'accomplissement ! »

L'indigne tromperie, à laquelle des ministres et des généraux, abusant de la persistance de mes sympathies pour l'Élu du 10 décembre et de ma bonne foi, m'ont fait servir d'instrument, cette insigne tromperie m'impose, plus qu'à tout autre, le devoir, à titre d'expiation, de n'épargner aucun effort, aucun sacrifice pour rendre impossible une restauration impériale qui aurait fatalement le sort de la précédente : — la même pente conduisant au même gouffre.

C'est cette conviction profonde qui a donné patriotiquement naissance à ce recueil et à cette préface; car au moins faut-il que les électeurs qui persisteront à voter pour le candidat impérialiste, à l'exclusion du candidat républicain, votent en connaissance de cause.

Il ne faut pas que plus tard, pour apaiser

leur conscience révoltée, ils puissent jamais dire qu'ils ignoraient les faits, et que pour eux, en octobre 1877, la lumière n'avait pas lui.

Octobre 1877 ramène ici octobre 1852.

Le 19 octobre 1852, le prince Louis-Napoléon, encore président de la République, mais convoitant ardemment l'hérédité impériale, avait dit dans un discours prononcé au palais de la Bourse, à Bordeaux :

« Par esprit de défiance, certaines personnes se disent : L'empire C'EST LA GUERRE. Moi, je dis : L'empire C'EST LA PAIX.

« C'est la paix, car la France la désire, et lorsque la France est satisfaite, le monde est tranquille. »

Ceux qui se défiaient de l'empire, pressentant qu'il serait la guerre, avaient-ils tort? Ceux qui ont été assez crédules pour croire qu'il serait la paix ont-ils eu raison?

Combien de temps la parole solennellement donnée à Bordeaux a-t-elle été gardée? Elle a été gardée le peu de temps qui s'est écoulé entre la fin de l'année 1852 et le commencement de l' année 1854, à peine quelques mois.

Et pourquoi la guerre contre la Russie, notre alliée naturelle et notre contre-poids nécessaire en Europe?

Était-ce pour l'empêcher de jeter au fond de la mer de Marmara les clefs du détroit des Dardanelles, et d'en rendre le passage libre à toutes les marines sans en excepter aucune?

Était-ce pour l'empêcher de faire de Constantinople sa capitale d'hiver?

Était-ce par sympathie pour la Turquie et les Musulmans?

Non; la grande et l'unique cause de l'expédition de Crimée, qui a coûté à la France 100,000 hommes et trois emprunts de 500 millions chacun, a été la mortification vivement ressentie par le nouvel empereur des Français de n'avoir pas été appelé par l'empereur de Russie: « Mon bon frère ».

Au moins lorsque l'empereur, profondément blessé dans son orgueil, a entrepris cette expédition vengeresse, tout était-il prêt?

Ouvrez le volume et lisez.

En 1859, lorsqu'au mépris du discours de Bordeaux, l'empire, non pour refaire l'unité géographique de la France, l'unité républicaine de 1801, mais pour aider au succès de l'œuvre du comte de Cavour préparant l'unification de l'Italie ; en 1859, lorsqu'au mépris du discours de Bordeaux, l'empire entame une nouvelle guerre, y étions-nous mieux préparés qu'en 1854?

Lisez.

A cette question, c'est l'empereur lui-même qui vous répond textuellement :

« Nous ne sommes jamais prêts pour la guerre.

« En présence d'autres armées et même de l'armée sarde, nous avons toujours l'air d'enfants qui n'ont jamais fait la guerre. »

L'expédition du Mexique détruit notre effectif, anéantit le matériel de notre marine, dilapide nos finances, grève notre budget, énerve notre crédit, ruine notre prestige militaire, nous couvre de honte, et fait rejaillir sur nos visages le sang de l'empereur Maximilien, lâchement abandonné par son inventeur et fusillé à Queretaro. Cette expédition, qui nous coûte tant, ne nous apprend rien, pas même la prudence et la prévoyance.

L'année 1870 nous surprend sans avoir tenu aucun compte d'aucun avertissement. Les rapports les plus précieux, les plus exacts, sont adressés à l'empereur et à son ministre de la guerre. Ces rapports ne sont pas lus, ils ne sont pas consultés ; ils sont comme s'ils n'avaient jamais été écrits ni envoyés.

Aussi, comment cette année 1870 finit-elle?

Elle finit par les capitulations successives de Marsal, Toul, Verdun, Schlestadt, Neuf-Brisach, Strasbourg, Soissons, La Fère, Metz,

Phalsbourg, Thionville, Montmédy; par l'entrée de l'armée allemande à Paris, par la perte de l'Alsace et de la Lorraine, par le payement de cinq milliards de rançon, augmentés de cinq milliards de désastres; par l'écrasement de nos impôts et le déclassement de la France en Europe, où nous n'avons plus de rang.

Ah! si le livre en tête duquel sera cette préface pouvait pénétrer dans toutes les communes et être lu par tous les électeurs qui savent lire, sur 7,500,000 votants, ce ne serait pas 4,500,000 qui voteraient pour le maintien de la République contre le retour de l'empire, ce serait les 7,500,000, ce serait l'unanimité; car, avant le triomphe de son parti, le salut de la patrie.

EMILE DE GIRARDIN.

LE

DOSSIER DE LA GUERRE EN 1870

LE

DOSSIER DE LA GUERRE

DE 1870

CHAPITRE PREMIER.

LES GUERRES ANTÉRIEURES. — CRIMÉE. — ITALIE.

I.

A la fin d'avril 1854, au début même de la guerre d'Orient, le maréchal de Saint-Arnaud, commandant en chef des troupes françaises, écrivait au ministre de la guerre :

« Il n'y a de charbon nulle part, et Ducos ordonne de chauffer *avec le patriotisme des marins*... C'est de l'histoire. Chapitre oublié des Girondins. On ne promène pas un maréchal de France, général en chef, comme une cantinière hors d'âge. »

Le 26 mai 1854, le maréchal s'adressait directement à l'empereur, et lui faisait connaître en ces termes l'état de nos forces :

« Sire, je suis arrivé à Gallipoli dans la nuit et, depuis la pointe du jour, j'ai travaillé à me rendre un compte exact de la situation de l'armée, de ce qui lui manque, de ses besoins, de nos ressources. Je le dis avec douleur à Votre Majesté, nous ne sommes pas constitués, ni en état de faire la guerre tels que nous sommes aujourd'hui. Nous n'avons que vingt-quatre pièces d'artillerie attelées, prêtes à faire feu, et cinq cents chevaux, tant de chasseurs d'Afrique que du 6e dragons... Notre situation est encore plus triste sous le rapport des approvisionnements. J'ai pour dix jours de biscuit : il m'en faudrait pour trois mois au moins. On a cru que je plaisantais quand je demandais *trois millions* de rations, qui ne font que vingt jours d'approvisionnement pour 50,000 hommes, et on m'en proposait *un million*. Il est impossible d'être plus loin de compte. On ne fait pas la guerre sans pain, sans souliers, sans marmites et sans bidons. On me laisse avec deux cent cinquante paires de souliers et les réserves des corps, quarante marmites et environ deux cent cinquante bidons. »

Ainsi, une artillerie incomplète, à peine quelque cavalerie, point d'approvisionnements, voilà quelle était notre situation. C'est dans ces conditions que nous nous heurtions à la Russie. « On ne fait pas la guerre sans pain, sans souliers, sans marmites et sans bidons. »

Hélas! l'empire devait nous condamner, une fois encore au moins, à combattre dans ces conditions!

Le 30 mai 1854, nouvelle lettre, nouvelle plainte du maréchal.

« Si j'étais en mesure de livrer bataille! Mais, je ne le serai pas de quelque temps. Je suis revenu à Gallipoli, et j'ai vu. Je n'ai pas le droit de hasarder et de compromettre l'honnneur du drapeau, en mettant en ligne une armée non constituée, non organisée, n'ayant ni son artillerie, ni sa cavalerie, ni son ambulance, ni son train, ni ses transports, ni ses approvisionnements. »

Ne dirait-on pas cette lettre datée du mois de juillet ou août 1870. Tout manquait, rien n'était organisé!

Mais, dira-t-on, nous avons été vainqueurs.

Sans doute; nous avions des alliés à côté de nous, puis nous combattions une armée plus mal organisée encore que la nôtre.

Sait-on bien, d'ailleurs, au prix de quels sacrifices la victoire a été obtenue? Sait-on les souffrances, les privations *inutiles* endurées?

Si on l'ignore, le docteur Chenu va nous l'apprendre:

L'installation plus que médiocre de nos infirmeries contrastait désavantageusement avec celle des infirmeries anglaises luxueusement constituées... Avec de pareilles conditions, faites pour favoriser la contagion, est-il possible, même avec les soins les plus éclairés, les mieux entendus et les plus dévoués, d'obtenir des résultats comparables à ceux de nos voisins, alors que chez eux tout vient en aide au médecin? — Dans les camps anglais, l'alimentation, dont nous avons pu juger, ne laisse rien à désirer, aux points de vue de la qualité, de la variété et de la quantité.

Et, à la suite, pour ne pas permettre le doute, le docteur Chenu publie dans son livre, *la Mortalité dans l'armée*, ces deux tableaux comparatifs:

Mortalité comparée dans les armées française et anglaise

PENDANT LES DEUX HIVERS EN CRIMÉE.

PREMIER HIVER 1854-1855. — PÉRIODE D'HOSTILITÉS.

Armée française.

Effectif moyen, 75,000 hommes. — 8,000 blessés.

	Entrés.	Morts.
Blessés et malades divers...	86,091	10,699
Scorbutiques..............	3,149	145
Typhiques..............	645	90
TOTAL..........	89,885	10,934

Armée anglaise.

Effectif moyen, 31,000 hommes. — 3,072 blessés.

	Entrés.	Morts.
Blessés et malades divers...	45,684	10,650
Scorbutiques..............	1,726	175
Typhiques..............	339	164
TOTAL..........	47,749	10,989

DEUXIÈME HIVER 1855 1856. — PLUS D'HOSTILITÉS RÉGULIÈRES.

Armée française.

Effectif moyen, 130,000 hommes. — 323 blessés.

Blessés et malades divers...	74,459	9,940
Scorbutiques................	12,872	964
Typhiques...................	19,303	10,278
TOTAL...........	106,634	21,191

Armée anglaise.

Effectif moyen, 50,000 hommes. — 165 blessés.

Blessés et malades divers...	27,144	589
Scorbutiques................	209	1
Typhiques...................	31	16
TOTAL...........	27,384	606

Que d'enseignements dans ces quelques lignes! La première année, les Anglais sont aussi mal organisés que nous — plus mal même; — sur un effectif de 31,000 hommes, ils perdent 10,989 hommes, tandis que nous n'en perdons que 10,934 sur 75,000 hommes. Les pertes des Anglais sont donc de 50 0/0 supérieures aux nôtres.

Mais, nos alliés s'appliquent à corriger le mal, ils remédient à toutes les causes d'infériorité, et la deuxième année, ils ne perdent que 606 hommes, 2.21 0/0 de leur effectif, tandis que nous qui n'avons rien fait, rien réparé, nous perdons 21,181 hommes, 19.87 0/0 de notre effectif.

A qui doit remonter cette responsabilité? Est-ce au Corps législatif?

« L'expérience acquise par ces cruelles épreuves, dit le docteur Chenu, en terminant, ne peut être perdue, j'en suis certain. Ne pas profiter de ces enseignements serait un crime de lèse-humanité. »

Le docteur Chenu se trompe : l'enseignement fut perdu: le crime de lèse-humanité fut commis !

II

La guerre d'Orient avait accusé bien des défauts dans notre organisation militaire.

De 1855 à 1859, quel effort est fait pour remédier à cet état de choses ? Où sont les traces d'une tentative de réorganisation ?

Plus tard, — vers 1865 ou 1866 — le maréchal Randon essaiera d'apporter quelques modifications, mais cet essai échouera devant l'apathie impériale, et après Sadowa, le gouvernement, voulant dégager sa responsabilité, rejettera toute la faute sur le ministre de la guerre qu'il fera même attaquer « par sa police. »

Qu'on ne nous accuse pas d'exagération, de calomnie : c'est le maréchal Randon qui parle. Voici textuellement ce qu'il écrit :

Quelle était l'officine d'où partaient ces bruits ? Quels étaient les agents qui, instantanément, les faisaient circuler ? Assurément, ce ne pouvaient être les représentants de l'autorité qui se fussent livrés à un pareil système d'abjectes calomnies.

Il fallait donc descendre et chercher dans les

mystères de cette police secrète, pratiquée par des agents trop dévoués, qui, sous ce gouvernement comme sous tous les autres, couvrent parfois du prétexte d'un zèle exceptionnel pour la personne et l'honneur du souverain des actes qu'on n'oserait avouer publiquement.

Ainsi, aucune tentative, aucun effort, aucun essai.

Dès lors, la campagne d'Italie devait être conduite avec la même imprévoyance, le même décousu que celle de 1854-55.

Le 15 mai 1859, l'empereur écrivait :

« Il faut bien vous pénétrer de l'état de choses; nous avons réuni en Italie une armée de 120,000 hommes avant d'y avoir réuni des approvisionnements, c'est le contraire de ce qu'on fait ordinairement. Si on ne fait pas des efforts héroïques pour créer une réserve de biscuits et de fourrages, qu'on ne peut former ici, où les administrations n'aboutissent qu'à peine à faire vivre l'armée au jour le jour, je me trouverai dans de grandes difficultés et je ne pourrai pas me porter en avant dans un pays dévasté par l'ennemi. Je vous conjure donc de faire des efforts inouïs pour cuire du biscuit dans toute la France, pour rassembler du foin, et envoyer tout cela à Gênes par des bateaux à vapeur. Les chevaux mangeront l'herbe du pays plus tard, mais je ne puis être en repos que lorsque j'aurai à Alexandrie vingt jours d'approvisionnement en réserve. Il faut doubler le nombre des employés d'administration, il faut envoyer au moins 1,000 infirmiers de plus. *L'administration de la guerre a été bien coupable*. Il y a des corps qui n'ont pas encore de marmites pour faire la soupe. Je compte sur vous pour réparer tout cela. »

L'administration de la guerre a été bien coupable ! Ce n'est donc pas le Corps législatif !

Le 20 mai 1859, nouvelle lettre de l'empereur :

« Il faut compter sur 20,000 malades ; 250 médecins et 400 aides seront nécessaires. En supposant que les 130 médecins du corps d'armée et 222 du pays puissent être employés à ce service, il en manquerait encore 300.

« Il faudrait 40 pharmaciens pour les hôpitaux permanents, en tout 72; il n'y en a que 33. »

Le 29, Napoléon III écrivait :

Ce qui me désole dans l'organisation de l'armée, c'est que nous avons toujours l'air, en présence d'autres armées, et même de l'armée sarde, d'ENFANTS QUI N'ONT JAMAIS FAIT LA GUERRE ; ainsi pour le train des équipages, pour les mulets de bagages des officiers d'administration et des médecins, rien n'est réglé d'une manière invariable. Ainsi, les uns demandent le double de ce qui est nécessaire, ou l'administration ne donne que la moitié de ce qui est indispensable. Vous concevez que ce n'est pas un reproche que je vous fais ; je ne l'adresse qu'au système général qui fait qu'en France, NOUS NE SOMMES JAMAIS **PRÊTS POUR LA GUERRE.**

Ainsi, de l'aveu même du souverain, notre situation militaire était insuffisante !

Veut-on d'autres citations ?

Voici ce que dit M. l'intendant général devant la commission des marchés :

« A l'armée d'Italie, où j'étais sous-intendant du quartier général, par suite de l'organisation vicieuse des dépôts, la dernière compagnie du train n'avait pas passé les Alpes, au moment où l'armée rentrait. »

M. l'intendant général Wolf n'est pas moins explicite. Il s'exprime ainsi :

L'exemple de la guerre d'Italie a été fatal. Pour cette campagne, rien n'avait été prévu, et la concentration des troupes s'est faite avec un décousu déplorable; cependant, le succès de nos armes a été complet. Ce succès, rendu possible par des circonstances exceptionnelles et les hésitations des Autrichiens, ne peut justifier notre imprévoyance en 1870.

Écoutons maintenant le général Vinoy. Voici ce qu'il dit dans son remarquable ouvrage : *L'Armée française* :

Il (le mode de mobilisation) avait pourtant un grand défaut, *qu'on aurait pu soupçonner en* 1859. Une grande partie des hommes rappelés alors n'ont rejoint leurs bataillons que le lendemain de Solférino, quand la campagne était finie, notamment ceux de ma division.

Voilà quel était l'état de l'armée française en 1859. Voilà dans quelles conditions nous avons fait campagne !

Est-ce au Corps législatif, qui n'avait pas encore le droit de parler et de discuter, qu'il faut faire remonter la responsabilité ?

Voici maintenant des détails plus tristes encore que nous empruntons à l'ouvrage du docteur Chenu : *La Mortalité dans l'armée :*

A Magenta, chaque médecin des ambulances a eu 75 hommes à soigner, et à Solférino 500, ce qui donne pour Solférino un peu moins de 3 minutes de temps pour chaque blessé, en comptant les journées à 20 heures, sans repos pour le médecin et en supposant, ce qui est loin d'être vrai, que tous les blessés ont reçu les soins indispensables pendant ces vingt-quatre heures.

M. Levret, hydrographe de la marine, écrivait à l'empereur, au lendemain de Solférino :

Sire, les blessés de Solférino, entassés à Castiglione, n'ont pas même été pansés, faute de moyens suffisants. Nous avons de la charpie, mais pas de linge, pas de chemises, pas de sucre, pas de vivres.

Le docteur Richefeu, chirurgien-major au 82e de ligne, écrit :

A Melegnano, j'ai encore trouvé des blessés, morts d'hémorrhagies artérielles, et dont les lésions très-simples n'auraient certainement pas dû entraîner une terminaison funeste, si l'on avait pu parer à temps aux accidents hémorrhagiques.

Nous pourrions insister sur les dépêches :

28 mai.— Je viens de visiter la citadelle d'Alexandrie ; il y a déjà 150 hommes, blessures légères ; il n'y a personne pour les soigner.

— Le 8e hussards n'a pas de médecin.

— Le 82e n'en a qu'un.

— Toute l'artillerie n'en possède pas un seul.

Le 20 juin, 16 jours après Magenta, quatre jours avant Solférino, un concours est ouvert dans les différents hôpitaux militaires de France pour le grade de sous-aide.

Il serait facile de remplir bien des colonnes avec ces lugubres dépêches. On n'a même pas songé à faire venir des instruments de chirurgie.

En 1830, l'armée qui fit la conquête d'Alger comptait 6 médecins par 1,000 hommes. En Crimée, nous avions moins d'un médecin pour 1,000 hommes, de même en Italie.

Mais, il faut clore ce triste récit par une dernière citation. Elle est du docteur Champouillon, médecin en chef du 1er corps :

« Je vous informe avec regret que plus de 800 blessés ont été nourris par la commisération publique ! »

Ainsi, une armée mal organisée, mal pourvue, sans subsistances, sans médecins ; une armée qui, suivant l'expression même de l'empereur, « n'était pas prête pour la guerre » ; une armée qui n'existait, n'était victorieuse que grâce à l'admirable courage de nos soldats ; voilà ce que l'empire avait su préparer en 1859, après les leçons et les critiques de 1854.

CHAPITRE II.

AVERTISSEMENTS.

Les guerres antérieures avaient montré combien notre organisation militaire était insuffisante.

Des avertissements plus directs ne manquèrent pas à l'empire.

*
* *

Puisque tu es en train de faire entendre de bonnes vérités aux illustres personnages qui t'entourent, ajoute donc ceci : Pendant que nous délibérons pompeusement et longuement sur ce qu'il conviendrait de faire pour avoir une armée, la Prusse se propose tout simplement et très-activement d'envahir notre territoire. Elle sera en mesure de mettre en ligne 600,000 hommes et 1,200 bouches à feu, avant que nous ayons songé à organiser les cadres indispensables pour mettre au feu 300,000 hommes et 600 bouches à feu.

De l'autre côté du Rhin, il n'est pas un Allemand qui ne croie à la guerre dans un avenir prochain. Les plus pacifiques qui, par leurs relations de famille ou par leurs intérêts, sont plus Français, considèrent la lutte comme inévitable, et ne comprennent rien à notre inaction. Comme il faut chercher une cause à toutes choses, ils prétendent que notre empereur est tombé en enfance.

A moins d'être aveugle, il n'est pas permis de douter que la guerre éclatera au premier jour. Avec notre stupide vanité, notre folle présomption, nous pouvons croire qu'il nous sera permis de choisir notre heure, c'est-à-dire la fin de l'exposition universelle, pour l'achèvement de notre organisation et de notre armement.

En vérité, je suis de ton avis, et je commence à croire qne notre gouvernement est frappé de démence. Mais, si Jupiter a décidé de le perdre, n'oublions pas que les destinées de notre patrie et que notre propre sort à tous est lié à ses destinées, et puisque nous ne sommes pas encore atteints par cette funeste démence, faisons tous nos efforts pour arrêter cette pente fatale qui conduit tout droit à des précipices.

(*Lettre du général Ducrot au général Trochu*, 7 *décembre* 1866.)

*
* *

N'oublions pas les enseignements de la dernière guerre. Les Prussiens, douze heures après les sommations, envahissaient les territoires ennemis. C'est qu'ils se préparaient depuis longtemps, dit-on ; je réponds que, par leur organisation en corps d'armée, ils seront toujours prêts, et je crois, dès lors, qu'avec la réforme de notre recrutement, il convient d'aborder sans retard la modification de notre organisation militaire. « C'est de l'engouement, réplique-t-on parfois ; vous voulez donc nous prussianniser ! » Non ; mais ce qui est bon chez l'adversaire, nous ne devons pas hésiter à l'emprunter, en l'accommodant à nos mœurs et à nos habitudes, car ce qui est principe au delà du Rhin l'est également en deçà. Or, nul ne peut contester que l'armée prussienne, toute constituée, même sur le pied de paix, en corps d'armée, passe sur le pied de guerre avec plus de facilité que l'armée française.

(*Commandant Fay*, 1867.)

* * *

Mais de tous les éléments de supériorité dont la Prusse tirerait avantage dans une guerre prochaine, le plus grand, le plus incontestable, sans contredit, lui serait acquis par la composition de son corps d'officiers d'état-major.

Il faut le proclamer bien haut, comme une vérité éclatante : l'état-major prussien est le premier de l'Europe, le nôtre ne saurait lui être comparé. Je n'ai pas cessé d'insister sur ce sujet dans mes premiers rapports de 1866, et d'émettre l'avis qu'il était urgent d'aviser aux moyens d'élever notre corps d'état-major à la hauteur du corps d'état-major prussien. Persuadé que, dans une guerre prochaine, l'armée de l'Allemagne du Nord tirerait de la composition de son corps d'état-major de sérieux avantages, et que nous aurions à nous repentir cruellement peut-être de notre infériorité, je reviens sur cette question, selon moi la plus grave de toutes. Je ne le dissimulerai pas : ma conviction est telle à cet égard que, ici, je jette le cri d'alarme : *Caveant consules!* Je croirais manquer à mon devoir, en agissant autrement.

(*Rapport du colonel Stoffel.*)

*
* *

« *Je ne partage pas cette manière de voir; les fautes partent de plus haut, et j'affirme qu'à Lyon par exemple, longtemps avant la guerre, l'intendance avait prévenu que* RIEN N'EXISTAIT DANS LES MAGASINS. — Sous prétexte d'économie, aucune suite ne fut donnée aux demandes de l'intendant. — *Suum cuique tribuere!* »

(*Note du général Palikao.*)

*
* *

Il faudrait en prendre notre parti, si la guerre venait à éclater : le matériel d'artillerie prussien est très-supérieur au nôtre. A la vérité, nos affûts de campagne sont plus légers que les affûts prussiens ; nos pièces attelées sont plus mobiles; mais les deux pièces de campagne prussiennes (le 4 et 6) tirent beaucoup plus juste que les nôtres, et elles ont une portée plus grande. Le Mémoire allemand que j'ai joint à mon rapport du 20 février dernier ne laisse subsister aucun doute à ce sujet. En outre, les pièces prussiennes peuvent tirer plus vite que les nôtres.

Quant à la plus grande justesse du tir des canons prussiens, c'est là un point tellement essentiel que j'en ferai un rapport spécial.

(*Rapport du colonel Stoffel.*)

* * *

FRIEDRICH KRUPP,
ACIER FONDU.

Essen (Prusse Rhénane)
rue de Provence, 71
PARIS.

Paris, le 23 janvier 1868.

Sire,

Reconnaissant de la marque de distinction signalée que Votre Majesté a bien voulu m'accorder à l'Exposition universelle de 1867, j'ose prier Votre Majesté de vouloir bien agréer le rapport ci-joint d'une série d'essais qui viennent d'avoir lieu à mes usines d'Essen, sous la direction du général-major de Majewsky, par ordre de l'empereur de Russie, et qui ont été faits, également à Essen, par ordre du ministère de la guerre prussien, sous la direction d'une commission spéciale prussienne, avant l'Exposition.

J'ose croire qu'ils auront quelque intérêt pour Votre Majesté. Elle a donné trop de preuves de sa haute connaissance en matière d'artillerie, pour que je ne sois pas encouragé à lui soumettre une expérience qui n'avait point encore été faite avec un pareil résultat, et qui peut apporter des changements pour l'artillerie, — science qui doit une grande part de ses progrès à l'initiative et aux travaux de Votre Majesté.

C'est donc avec confiance que je la prie d'accueillir cette relation, qui s'adresse au savant.

Je suis, avec le plus profond respect, sire, de Votre Majesté, le plus obéissant et le plus humble serviteur.

Henri HAASS,

Chef de la maison Krupp,

71 (*nunc* 65), rue de Provence.

(*Cette lettre fut transmise au maréchal Le Bœuf, qui répondit : « Rien à faire »*).

*
* *

Lorsque je visitai ce parc (parc de Vernon 1869),

je vis que faire sortir 7 à 8,000 voitures par une porte, c'était rendre la mobilisation à peu près impossible, parce que, pour cela, il fallait un grand nombre de mois, et je n'exagère pas en disant six mois ; je crois que le directeur du parc avait fait un calcul duquel il semblait qu'il fallait huit mois pour faire sortir la dernière voiture.

(*Déposition de M. l'intendant général Blondeau.*)

*
* *

J'ai commandé la division de Strasbourg pendant cinq ans.

Quand j'y suis arrivé, j'ai voulu me rendre compte de ce qu'il y avait de réserves de toute espèce. Il y avait une direction d'artillerie et un arsenal considérable, un magasin de campement. Dans l'arsenal, j'ai trouvé, je crois, 2,000 canons, dont 4 ou 500 à peu près pouvaient servir. Tout le reste était du vieux bronze, il y avait des boulets en pierre du temps de Louis XIV, et une quantité énorme de fusils à silex. J'écrivis au ministre de la guerre pour lui faire observer que tout cela était bien mal placé dans une ville de première ligne.

(*Déposition de M. le général Ducrot.*)

*
* *

« Toutes ces causes de notre affaiblissement, en présence d'une puissance guerrière et ambitieuse qui travaillait, depuis plus de cinquante ans, à la solide organisation militaire qu'elle possède, qui avait ses armées prêtes, et sous le commandement de ses chefs habituels, à laquelle des succès récents donnaient une confiance sans bornes, ces causes, dis-je, auraient dû nous ouvrir les yeux et *exiger de notre part des préparatifs en rapport avec l'imminence des dangers qui nous menaçaient.*

« Des avertissements sérieux nous avaient été donnés. Le général Bourbaki, envoyé en Prusse, il y a quelques années, pour suivre les manœuvres d'un camp d'instruction, en avait rapporté, avec son sentiment militaire élevé, une haute idée de l'armée prussienne, et l'avait répandu parmi nous.

« Plus récemment, les rapports du baron Stoffel, envoyé militaire en Prusse, ont confirmé toutes les appréciations les plus favorables sur l'organisation militaire de cette puissance. »

(*Général Palikao. — Un ministère de la guerre de 24 jours.*)

*
* *

Le maréchal Mac-Mahon arrive à Strasbourg, le maréchal Le Bœuf vient l'y rejoindre, et ils étudient ensemble la manière d'engager les premières opérations de la guerre. Un conseil de guerre eut lieu. Le maréchal Le Bœuf demanda à chaque chef de service où il en était. Quand j'arrivai aux articles de campement, aux ceintures de flanelle, je lui exposai la pénurie où nous étions. Il me dit : Comment, c'est à présent que vous venez me dire que vous n'avez pas ce qu'il vous faut ! Je lui répondis : *Monsieur le maréchal, depuis 1866 et 1868, je ne fais pas autre chose que de vous avertir, et j'ai pour témoin le général Ducrot, qui s'est associé à mes instances, et qui a même pris l'initiative des mesures à prendre. Au mois de mai encore, j'ai été à Paris dans ce but.* Le maréchal Le Bœuf s'emporta; je n'ai pas besoin de vous dire que nous ne sommes pas l'objet des prédilections des chefs militaires.

(*Déposition de M. l'intendant de La Valette.*)

*
* *

Au mois de mars 1869, dit-il, je voyais, comme bien d'autres, venir la guerre avec l'Allemagne ; il était bien facile de prévoir que, comme en Italie, comme toujours, nous étions destinés à entrer en opérations avec des moyens insuffisants. Sans prétendre au rôle de Cassandre, on pouvait chercher, avec tous les ménagements qu'exigeait la situation, à prévenir du danger ceux qui tenaient entre leurs mains les destinées du pays. Ma prévoyance fut importune ; un mot de plus, et l'on m'aurait accusé de donner des encouragements à l'ennemi, en lui signalant les défauts de notre organisation. Ils les connaissaient bien mieux que nous. »

(*Vigo Roussillon*, *intendant militaire. Conférences faites les* 3 *et* 10 *mars* 1869 ; *Paris*, 1871.)

CHAPITRE III.

DÉCLARATION DE GUERRE.

Le 6 juillet 1870, M. le duc de Gramont, ministre des affaires étrangères, montait à la tribune, et en réponse à une interpellation au sujet de la candidature du prince de Hohenzollern au trône d'Espagne, faisait la déclaration suivante :

« Le respect des droits d'un peuple voisin ne nous oblige pas à souffrir qu'une puissance étrangère, en plaçant un de ses princes sur le trône de Charles-Quint, puisse déranger à notre détriment l'équilibre actuel des forces en Europe, et mettre en péril les intérêts et l'honneur de la France.

« Cette éventualité, nous en avons le ferme espoir, ne se réalisera pas.

« S'il en était autrement, forts de votre appui et de celui de la nation, nous saurions remplir notre devoir sans faiblesse. »

Il n'est pas sans intérêt de rechercher dans les nombreux et intéressants documents publiés depuis la guerre, par ordre de l'Assemblée nationale, tout ce qui se rapporte à cette déclaration si importante du ministre des affaires étrangères. Voici donc les deux versions, légèrement différentes, du maréchal Le Bœuf et de M. de Gramont :

« Dans la matinée du 18 juillet, dit M. le maréchal Le Bœuf, le conseil des ministres délibéra sur la déclaration qui devait être portée à la tribune, en réponse à l'interpellation de M. Cochery.

« Le conseil était partagé sur la formule. Plusieurs membres, tout en reconnaissant que la rédaction proposée était justifiée par les procédés de la Prusse, trouvèrent la forme trop vive. Qu'il me soit permis de dire que l'empereur était de cet avis.

« On modifia la rédaction, séance tenante ; mais, à notre arrivée à la Chambre, nous trouvâmes une grande animation parmi les députés..... Le sentiment patriotique était vivement surexcité ; on se laissa entraîner, et la rédaction première fut lue à la tribune.

« M. LE PRÉSIDENT. — Ainsi, le ministre avait entre les mains deux rédactions ?

« M. LE MARÉCHAL LE BOEUF. — Je ne saurais le dire. Ce que je puis affirmer, c'est que des modifications avaient été apportées à la première rédaction.

« M. LE PRÉSIDENT. — Et qu'elles ne furent pas lues ?

« M. LE MARÉCHAL LE BOEUF. — En effet, les modification faites à la première rédaction dans le conseil des ministres ne furent pas lues. Je le répète, on se laissa entraîner, et qu'il me soit permis de dire qu'en ce moment, il ne fut nullement question de l'état de l'armée, et que, par conséquent, le Corps législatif s'est laissé entraîner par un sentiment patriotique que je comprends, que j'ai même partagé. »

Voici maintenant un extrait de la déposition du ministre des affaires étrangères :

« M. LE DUC DE GRAMONT. — La déclaration fut faite par moi, et il est vrai qu'elle était un peu plus calme. Il arriva que séance tenante, dans le conseil, j'ajoutai, par respect pour l'opinion d'autres personnes de mes collègues, un passage que j'accentuai ; voilà la vérité... J'arrivai au conseil muni d'une feuille édigée. On trouva qu'elle ne répondait pas peut-être ssez vivement à la situation exceptionnelle que nous faisait la Prusse, je veux dire à son déni de discussion. A la demande de ceux qui faisaient cette observation, nous modifiâmes la note ; une fois la note modifiée, tous les ministres en furent solidaires, et moi tout le premier.

« M. LE PRÉSIDENT. — Voici en quoi la déposition que nous avons entendue diffère de la vôtre... Vous auriez apporté au conseil une note. Sur les observations du conseil et de l'empereur, qui était d'avis de modérer la vivacité de cette note, des modifications dans ce sens auraient été faites, et il aurait été convenu qu'on lirait à la Chambre la note modérée. Mais les ministres, avant la lecture, stationnant dans les couloirs, rencontrèrent des députés très-animés sur la question. Alors, le gouvernement, ne voulant pas être moins sensible que les députés au refus de discussion fait par M. de Bismarck, serait revenu à la première rédaction, et, à la séance, les ministres, après s'être concertés entre eux, auraient décidé que la première note serait lue, c'est-à-dire la plus vive, au lieu de la seconde, c'est-à-dire la plus modérée.

« M. LE DUC DE GRAMONT. — Je déclare cette déposition absolument inexacte... La rédaction a été arrêtée en conseil à Saint-Cloud. Je suis arrivé au ministère des affaires étrangères, où je n'ai eu que le temps de la dicter à deux membres de mon cabinet...La note a été lue telle qu'elle a été dictée à ces deux secrétaires ; pas un mot n'a été changé ; pas un député ne m'a vu dans les couloirs avant la lecture. J'ai lu la note, comme j'en étais convenu. Je me serais fait scrupule d'en changer une virgule ; telle elle a été rédigée à Saint-Cloud, telle elle a été lue à la Chambre. »

(*Commission d'enquête sur le 4 septembre.*)

*
* *

Après le 6 juillet, c'est-à-dire après la quasi-déclaration de guerre, le gouvernement impérial s'avisa de consulter les préfets sur l'opinion des populations. Il faisait la question après avoir indiqué la réponse. Les préfets, dans les consultations de ce genre, ne se croient pas tenus d'ordinaire à dire la vérité. Nous ne sommes donc pas étonnés de voir les préfets de l'empire conclure, en général, à la guerre, que le gouvernement croit exigée par la dignité de la France; mais nous leur savons gré de laisser pourtant percer la vérité à travers l'assentiment, plus ou moins vif, qu'ils attribuent aux populations. Un questionneur consciencieux aurait même remarqué que très-souvent, après avoir exposé les dispositions pacifiques des populations, c'est le préfet lui-même qui conclut à la nécessité de la guerre et à la popularité de cette guerre. Ailleurs, le préfet inspire à la population la croyance qui s'était répandue à tort dans beaucoup d'esprits, que nous étions prêts et organisés pour la guerre. « Nous sommes prêts, » mot funeste qui a trompé et égaré tout le monde, parce que tout le monde l'a répété, sans prendre la peine de le contrôler. M. Thiers, dans sa déposition, en explique l'origine. Il ne faut pas s'y tromper en effet, ce qui a persuadé à beaucoup de personnes que nous étions prêts, c'est l'impossibilité de croire qu'ayant eu depuis Sadowa quatre ans pour nous préparer, nous ne l'eussions pas fait. Pour admettre cette invraisemblance, il eût fallu admettre en même temps un tel déclin d'activité, de soins, de surveillance, de régularité de comptes et de vérifications, que ceux qui se seraient laissés aller à de pareilles défiances, se seraient reproché de calomnier le gouvernement impérial. Personne ne croyait au mal, et personne ne s'en apercevait, parce que le mal se faisait par un relâchement insensible et presque involontaire; chacun ne voyant qu'un seul point malade, le voyait mal parce que c'était le sien, et ne s'apercevait pas de la gravité de la maladie, qui tenait au nombre infini de points viciés.

Beaucoup de préfets exprimèrent, au nom des populations, l'espoir que la Prusse céderait aux sentiments énergiques que manifestait le gouvernement, et que la paix ne serait pas interrompue. Ceux-là disaient la vérité, en exprimant l'espoir de paix auquel s'attachaient les populations, et en même temps ils ne se brouillaient pas avec le ministère, qu'ils louaient de son énergie.

(*Note de M. Saint-Marc-Girardin. — Enquête sur le 4 septembre.*)

*
* *

L'empereur et le ministre des affaires étrangères poussent à la guerre, et donnent à notre ambassadeur à Berlin les instructions les plus formelles.

« Paris, le 12 juillet 1870, 2 h. 15 m. du soir.

« (Très-confidentielle.) Employez toute votre habileté à constater que la renonciation du prince de Hohenzollern vous est annoncée, *communiquée* ou *transmise* par le roi de Prusse ou son gouvernement. C'est pour nous de la plus haute importance. La participation du roi doit à tout prix être consentie par lui, ou résulter des faits d'une matière suffisante. »

(*Dépêche de M. de Gramont.*)

*
* *

« Nous avons reçu, dès maintenant, de l'ambassadeur d'Espagne, la renonciation du prince Antoine, au nom de son fils Léopold, à sa candidature au trône d'Espagne. Pour que cette renonciation du prince Antoine produise tout son effet, il paraît nécessaire que le roi de Prusse s'y associe, et nous donne l'assurance qu'il n'autorisera pas de nouveau cette candidature. Veuillez vous rendre immédiatement auprès du roi, pour lui demander cette déclaration, qu'il ne saurait refuser, s'il n'est véritablement animé d'aucune arrière-pensée. Malgré la renonciation, qui est maintenant connue, l'animation des esprits est telle que nous ne savons pas si nous pourrons la dominer. »

(*Dépêche de M. de Gramont,* 12 *juillet,* 7 *heures.*)

*
* *

« Mon cher duc, en réfléchissant à nos conversations d'aujourd'hui, et en relisant la dépêche du prince Antoine, je crois qu'il faut se borner à accentuer davantage la dépêche que vous avez dû envoyer à Benedetti, en faisant ressortir les points suivants :

« 1° Nous avons eu affaire à la Prusse, et non à l'Espagne ;

« 2° La dépêche du prince Antoine, adressée à Prim, est un document, non officiel pour nous, que personne n'a été chargé en droit de nous communiquer ;

« 3° Le prince Léopold a accepté la candidature au trône d'Espagne, et c'est le père qui renonce ;

« 4° Il faut donc que Benedetti insiste, comme il en a l'ordre, pour avoir une réponse catégorique, par laquelle le roi s'engagerait pour l'avenir à ne pas permettre au prince Léopold (qui n'est pas engagé) de suivre l'exemple de son frère, et de partir un beau matin pour l'Espagne ;

« 5° Tant que nous n'aurons pas une communication officielle d'Ems, nous ne serons pas censés avoir eu de réponse à nos justes demandes ;

« 6° Tant que nous n'aurons pas cette réponse, nous continuerons nos armements ;

« 7° Il est donc impossible de faire une communication aux Chambres, avant d'être mieux renseignés.

« Recevez, mon cher duc, etc. »

(*Lettre de l'empereur à M. le duc de Gramont, 12 juillet* 1870.)

*
* *

Considérant, que les déclarations fermes, nettes, patriotiques du ministère, à la séance du 6 juillet, ont été accueillies avec faveur par la Chambre et par le pays ; considérant que ces déclarations du ministère sont en opposition avec la lenteur des négociations avec la Prusse : je demande à interpeller le ministère sur les causes de sa conduite à l'extérieur, qui, non-seulement, jette une perturbation dans les branches diverses de la richesse publique, mais aussi risque de porter atteinte à la dignité nationale.

(*Demande d'interpellation de M. Jérôme David,* 13 *juillet* 1870.)

*
* *

Pour nous, il faut bien le reconnaître, nous avons fait le jeu de nos adversaires en nous montrant si vivement blessés par des procédés peu amicaux, sans doute, mais qui ne suffisaient pas pour motiver, de notre part, une déclaration de nature à précipiter les événements. Nous avons parlé trop haut, nous avons mis la main trop tôt sur la garde de notre épée, nous avons pris, dès le premier jour, vis-à-vis de la Prusse et de l'Europe, une attitude trop menaçante, sans nous demander assez si nous étions en mesure de lutter contre un ennemi si bien prêt à nous recevoir. Nous ne nous sommes pas contentés du désistement du prince de Hohenzollern, nous avons exigé des garanties pour l'avenir, et, de cette façon, nous n'avons même pas eu le bénéfice de la situation vraie.

(*Rapport de M. le comte Napoléon Daru. Commission d'enquête sur le 4 septembre.*)

*
* *

Pour justifier cette guerre si follement décidée, le gouvernement affirma que notre ambassadeur à Berlin, M. Benedetti, avait été l'objet d'un outrage public. M. Gambetta réclama avec énergie la communication des pièces qui prouvaient l'insulte : cette demande fut repoussée ; mais, une commission ayant été nommée pour examiner divers crédits, au sujet desquels l'urgence venait d'être prononcée, les ministres durent comparaître devant elle et fournir les explications qui leur étaient demandées. M. de Talhouet, rapporteur de la commission, affirma en séance que les pièces diplomatiques lui avaient été communiquées, et que les déclarations les plus complètes avaient été fournies par le gouvernement. Voici la conclusion du rapporteur :

« La commission du Corps législatif a voulu prendre, et a reçu communication de dépêches émanant de plusieurs de nos agents diplomatiques, dont les termes sont uniformes, et confirment, comme il a été déclaré au Corps législatif et au Sénat, que M. de Bismarck a fait connaître officiellement aux cabinets d'Europe, que S. M. le roi de Prusse avait refusé de recevoir de nouveau l'ambassadeur de France, et lui avait fait dire par un aide de camp qu'elle n'avait aucune communication ultérieure à lui adresser. Le sentiment profond produit par l'examen de ces documents, est que la France ne pouvait tolérer l'offense faite à la nation. »

C'est sur le rapport de la commission, à cause de cette insulte, que le rapporteur affirmait lui-même réelle, que la guerre a été déclarée. Depuis les événements de 1870, la lumière s'est faite sur bien des points encore obscurs, et il a été prouvé, au sein d'une grande commission d'enquête instituée par l'Assemblée nationale, que cette insulte du roi de Prusse à M. de Benedetti n'avait jamais existé, et que ces dépêches, dont le rapporteur disait avoir reçu communication, la commission ne les avait pas vues. Ce fait est tellement important, que nous croyons nécessaire de reproduire ici textuellement un extrait de la déposition de M. de Talhouet :

« Le ministre des affaires étrangères, a répondu M. de Talhouet, ne nous a jamais dit que ses agents lui eussent envoyé la dépêche de M. de Bismarck ; il a déclaré seulement qu'ils avaient eu connaissance de cette dépêche.

« Au point de vue de l'article de journal, je vous donnerai mes souvenirs, que je crois exacts... Le gouvernement avait eu connaissance de cet article, et, si j'ai bien compris, on en avait délibéré dans le conseil des ministres ; on avait trouvé que, même provenant d'un journal semi-officiel, il n'y avait pas lieu de se blesser d'un article de cette nature, et, dans cette situation, on était disposé à la paix. C'est au dernier moment que le gouvernement apprit l'existence de la dépêche de M. de Bismarck.

« M. le Président. — Ainsi, c'est par les bons rapports que nos agents avaient avec les ministres étrangers que nous avons eu la dépêche de M. de Bismarck ?

« M. le marquis de Talhouet. — Oui.

« M. le Président. — Avait-on donné copie de la dépêche ?

M. le marquis de Talhouet. — Non, on n'a pas donné tout d'abord la copie ; nous avons eu seulement des dépêches des agents disant : « Voilà ce qu'on nous assure avoir été écrit par M. de Bismarck. » Je crois que la dépêche elle-même n'a été envoyée que le lendemain ou deux jours après.

« Quant à l'existence de la dépêche, elle n'est pas douteuse ; on a fait une distinction entre l'article de journal et la dépêche, et on a déclaré que s'il n'y avait eu que l'article de journal, on était parfaitement disposé à maintenir la paix.

« M. le Président. — Vous n'avez pas vu cette dépêche de M. de Bismarck, mais seulement les dépêches de nos agents qui avaient reçu des informations des ministres étrangers, ceci est bien établi ?

« M. le marquis de Talhouet. — Parfaitement. Comme une de ces dépêches venait de Berne et l'autre de Munich, et qu'elles étaient conçues dans des termes identiques, il fallait bien en conclure qu'elles exprimaient la vérité. »

*

« M. le Président.—Avez-vous reçu une offense à Ems, et est-ce là ce qui a pu amener une déclaration de guerre ?

« M. le comte Benedetti. — Je n'ai reçu aucune offense à Ems, et ma correspondance établira que je ne me suis jamais plaint d'aucun mauvais procédé. Je n'en ai, moi-même, jamais pris l'intiative, et quoi qu'en aient dit les journaux, je n'ai pas été l'objet d'une accusation de ce genre en Allemagne. Dans aucun des documents qui ont été publiés par le gouvernement prussien, il n'est trace d'une attitude plus ou moins inconvenante que j'aurais prise vis-à-vis du roi ou de toute autre personne ; ce n'est pas dans mes habitudes, et je ne l'aurais pas fait, surtout dans une circonstance aussi solennelle.

« M. le Président.—Ainsi, il n'y a pas eu un seul mauvais procédé de votre part vis-à-vis de la Prusse, ni de la part de la Prusse vis-à-vis de vous ; vous n'avez reçu d'autre offense que le refus d'une audience de congé que vous aviez sollicitée ?

« M. le comte Benedetti.— Je vous demande pardon : le roi n'a pas refusé de me recevoir.»

(Commission d'enquête sur le 4 septembre. Déposition de M. Benedetti.)

*
* *

Le 15 juillet, M. Émile Olivier annonça en ces termes au Corps législatif que la guerre allait être déclarée,

« Messieurs, la manière dont vous avez accueilli notre déclaration du 6 juillet nous ayant donné la certitude que vous approuviez notre politique, et que nous pouvions compter sur votre appui, nous avons aussitôt commencé des négociations, avec les puissances étrangères pour obtenir leurs bons offices, avec la Prusse, afin qu'elle reconnût la légitimité de nos griefs.

« Dans ces négociations, nous n'avons rien demandé à l'Espagne dont nous ne voulons ni éveiller les susceptibilités, ni froisser l'indépendance ; nous n'avons pas agi auprès du prince de Hohenzollern, que nous considérons comme couvert par le roi, nous avons également refusé de mêler à notre discussion aucune récrimination, ou de la faire sortir de l'objet même dans lequel nous l'avions renfermée dès le début.

« La plupart des puissances étrangères ont été pleines d'empressement à nous répondre, et elles ont, avec plus ou moins de chaleur, admis la justice de notre réclamation.

« Le ministère des affaires étrangères prussien nous a opposé une fin de non-recevoir, en prétendant qu'il ignorait l'affaire, et que le cabinet de Berlin y était resté étranger.

« Nous avons dû, alors, nous adresser au roi lui-même, et nous avons donné à notre ambassadeur l'ordre de se rendre à Ems, auprès de Sa Majesté. Tout en reconnaissant qu'il avait autorisé le prince de Hohenzollern à accepter la candidature qui lui avait été offerte, le roi de Prusse a soutenu qu'il était resté étranger aux négociations poursuivies entre le gouvernement espagnol et le prince de Hohenzollern; qu'il n'y était intervenu que comme chef de famille, et nullement comme souverain, et qu'il n'avait ni réuni, ni consulté le conseil de ses ministres. Sa Majesté a reconnu, cependant, qu'elle avait informé le comte de Bismarck de ces divers incidents.

« Nous ne pouvions considérer ces réponses comme satisfaisantes, nous n'avons pu admettre cette distinction subtile, entre le souverain et le chef de famille, et nous avons insisté pour que le roi conseillât, et imposât au besoin, au prince Léopold une renonciation à sa candidature.

« Pendant que nous discutions avec la Prusse, le désistement du prince Léopold nous vint du côté d'où nous ne l'attendions pas, et nous fut remis le 12 juillet par l'ambassadeur d'Espagne.

« Le roi ayant voulu y rester étranger, nous lui demandâmes de s'y associer, et de déclarer que si, par un de ces revirements toujours possibles dans un pays sortant d'une révolution, la couronne était de nouveau offerte par l'Espagne au prince Léopold, il ne l'autoriserait plus à l'accepter, afin que le débat pût être considéré comme définitivement clos.

« Notre demande était modérée, les termes dans lesquels nous l'exprimions ne l'étaient pas moins. « Dites bien au roi, écrivions-nous au comte Bene-« detti, le 12 juillet, à minuit, que nous n'avons « aucune arrière-pensée ; que nous ne cherchons pas « un prétexte de guerre, et que nous ne demandons

« qu'à résoudre honorablement une difficulté que nous « n'avons pas créée nous-mêmes. »

« Le roi consentit à approuver la renonciation du prince Léopold, mais il refusa de déclarer qu'il n'autoriserait plus à l'avenir le renouvellement de cette candidature.

« J'ai demandé au roi, nous écrivait M. Benedetti, « le 13 juillet, à minuit, de vouloir bien me permettre « de vous annoncer en son nom que si le prince de « Hohenzollern revenait à son projet, Sa Majesté in- « terposerait son autorité, et y mettrait obstacle.

« Le roi a absolument refusé de m'autoriser à vous « transmettre une semblable déclaration. J'ai vivement « insisté, mais sans réussir à modifier les dispositions « de Sa Majesté. Le roi a terminé notre entretien en « me disant qu'il ne pouvait ni ne voulait prendre un « pareil engagement, et qu'il devait, pour cette éven- « tualité comme pour toute autre, se réserver la faculté « de consulter les circonstances. »

« Quoique ce refus nous parût injustifiable, notre désir de conserver à l'Europe les bienfaits de la paix était tel, que nous ne rompions pas nos négociations, et que, malgré notre impatience légitime, craignant qu'une discussion ne les entravât, nous avons demandé d'ajourner nos explications.

« Aussi, notre surprise a-t-elle été profonde, lorsque hier, nous avons appris que le roi de Prusse avait notifié, par un aide de camp, à notre ambassadeur, qu'il ne le recevrait plus, et que pour donner à ce refus un caractère non équivoque, son gouvernement l'avait communiqué officiellement aux cabinets d'Europe.

« Nous apprenions, en même temps, que M. le baron de Werther avait reçu l'ordre de prendre un congé, et que des armements s'opéraient en Prusse.

« Dans ces circonstances, tenter davantage pour la conciliation eût été un oubli de dignité et une imprudence ; nous n'avons rien négligé pour éviter une guerre ; nous allons nous préparer à soutenir celle qu'on nous offre, en laissant à chacun la part de responsabilité qui lui revient.

« Dès hier, nous avons rappelé nos réserves, et avec votre concours, nous allons prendre immédiatement les mesures nécessaires pour sauvegarder les intérêts, la sécurité et l'honneur de la France.

« A raison des circonstances politiques, l'administration de la guerre devant être en mesure de faire face à toute éventualité, nous demandons un crédit de 500 millions, et nous réclamons l'urgence. »

*
* *

« Tant que je vivrai, je me rappellerai cette terrible journée. Le Corps législatif était réuni dès le matin, et on vint nous lire la déclaration de guerre fondée sur les motifs que je viens d'exposer. Je fus saisi, la Chambre le fut comme moi. On se regardait les uns les autres avec une sorte de stupeur. Les principaux membres de la gauche se groupant autour de moi, me demandèrent ce qu'il fallait faire. Craignant les mauvaises dispositions de la majorité à l'égard de la gauche, je dis à mes collègues : « Ne vous en mêlez pas, et laissez-moi faire. » — Je voyais un orage prêt à fondre sur nos têtes. Mais, j'aurais bravé la foudre, avec certitude d'être écrasé, plutôt que d'assister impassible à la faute qui allait se commettre. Je me levai brusquement, je jaillis, si je puis dire, et de ma place je pris la parole. Des cris furieux retentirent aussitôt. Cinquante énergumènes me montraient le poing, m'injuriaient, disaient que je me déshonorais, que je souillais mes cheveux blancs. Je ne cédai pas. De ma place, je courus à la tribune où je ne pus faire entendre que quelques paroles entrecoupées. Convaincu qu'on nous trompait, qu'il n'était pas possible que le roi de Prusse, sentant la gravité de la position, puisqu'il avait cédé sur le fond, eût voulu nous faire un outrage, je demandais la production des pièces sur lesquelles on se fondait pour se dire outragé. J'étais sûr que si nous gagnions vingt-quatre heures, tout serait expliqué, et la paix sauvée.

« On ne voulut rien entendre, rien accorder, sauf toutefois la réunion d'une commission, réunion de quelques instants où rien ne fut éclairci. La séance recommença ; avec la séance le tumulte. Je fus insulté de toutes parts, et les députés des centres, si pacifiques les jours précédents, intimidés, entraînés dans le moment, s'excusant de leur faiblesse de la veille, par leur violence d'aujourd'hui, votèrent cette guerre, qui est la plus malheureuse certainement que la France ait entreprise, dans sa longue et orageuse carrière. »

(*Déposition de M. Thiers devant la commission d'enquête sur le 4 septembre.*)

*
* *

Extrait du compte rendu analytique de la séance du 15 juillet 1870.

M Thiers. — S'il y a eu un jour, une heure où l'on puisse dire sans exagération que l'histoire nous regarde, c'est cette heure et cette journée, et il me semble que tout le monde devrait y penser sérieusement.

Quand la guerre sera déclarée, il n'y aura personne de plus zélé de plus empressé que moi à donner au gouvernement les moyens dont il aura besoin pour la rendre victorieuse. (Très-bien ! Très-bien ! *à gauche.*)

Ce n'est donc pas assaut de patriotisme que nous faisons ici.

Je soutiens que mon patriotisme est non pas supérieur, mais égal à celui de tous ceux qui sont ici. (*Approbation à gauche.*)

De quoi s'agit-il ? De donner ou de refuser au gouvernement les moyens qu'il demande ? Non, je proteste contre cette pensée.

De quoi s'agit-il ? D'une déclaration de guerre faite à cette tribune par le ministère, et je m'exprime constitutionnellement, on le reconnaîtra. Eh bien, est-ce au ministère, à lui seul, de déclarer la guerre ? Ne devons-nous pas, nous aussi, avoir la parole ? Et avant de la prendre, ne nous faut-il pas un instant de réflexion ? (*Interruption à droite.*)

M. JULES FAVRE. — Avant de mettre l'Europe en feu, on ne réfléchit pas ; nous l'avons bien vu. (*Exclamations.*)

M. THIERS. — Je vous ai dit que l'histoire nous regardait, j'ajoute que la France aussi et le monde nous regardent. On ne peut pas exagérer la gravité des circonstances ; sachez que de la décision que vous allez émettre peut résulter la mort de milliers d'hommes. (*Exclamations au centre et à droite.* — Très-bien ! *à gauche.* — *Le bruit couvre la voix de l'orateur.*)

M. GRANIER DE CASSAGNAC. —Nous le savons bien: nous y avons nos enfants ! (*Mouvements divers.*)

M. DE TILLANCOURT. — N'interrompez pas ! Vous répondrez.

M. THIERS. — Et, si je vous demande un instant de réflexion, c'est qu'en ce moment un souvenir assiége mon esprit !..... Laissez-moi vous dire une chose : Vous allez vous récrier ; mais je suis fort décidé à écouter vos murmures et, s'il le faut, à les braver. (Oui ! très-bien ! *à gauche.*)

Vous êtes comme vous étiez en 1866. (*A gauche :* Oui, oui, c'est cela !)

Eh bien, vous ne m'avez pas écouté alors, et rappelez-vous ce qu'il en a coûté à la France ! (*Rumeurs au centre et à droite.*)

M. LE MARQUIS DE PIRÉ. — Tâchez de ne pas être comme vous avez été en 1848.

M. LE COMTE DE LA TOUR. — En 1866, vous demandiez seulement la neutralité, et pas autre chose.

M. THIERS. — Cela est inexact... Mais, aujourd'hui la demande principale qu'on adressait à la Prusse, celle qui devait être la principale, et que le ministère nous a assuré être la seule, cette demande a reçu une réponse favorable. (*Dénégations sur un grand nombre de bancs.*) Vous ne me lasserez pas ! (*A gauche:* Très-bien ! très-bien !) J'ai le sentiment que je représente ici...

M. HORACE DE CHOISEUL. — L'indépendance !

M. THIERS. — ... Non pas les emportements du pays, mais ses intérêts réfléchis. J'ai la certitude, la conscience au fond de moi-même, de remplir un devoir difficile : celui de résister à des passions patriotiques, si l'on veut, mais imprudentes. (*A droite :* Allons donc !)

A gauche. — Oui, oui, très-bien !

M. THIERS. — Soyez convaincus que quand on a vécu quarante ans... (*Interruptions,*) au milieu des agitations et des vicissitudes politiques, et qu'on remplit son devoir, et qu'on a la certitude de le remplir, rien ne peut vous ébranler, pas même les outrages. Il me semble que, sur un sujet si grave, n'y eût-il qu'un seul individu, le dernier dans le pays, s'il y avait un doute, vous devriez l'écouter ; oui, n'y en eût-il qu'un... mais je ne suis pas seul !

Voix à gauche. — Non, non, nous sommes avec vous.

A droite. — Combien ?

M. Horace de Choiseul. — Si les élections avaient été libres, nous serions plus nombreux ! (*Exclamations.*)

M. le marquis de Piré. — Rappelez-vous donc, monsieur Thiers, la noblesse énergique avec laquelle vous avez flétri les défections législatives de 1815, et ne les imitez pas.

M. le président Schneider. — Monsieur de Piré, veuillez ne pas interrompre.

M. Thiers. — Je serais seul... (*Interruption.*) Je serais seul que, pour la gravité du sujet, vous devriez m'entendre. (Parlez ! Parlez !) Eh bien, messieurs, est-il vrai, oui ou non, que sur le fond, c'est-à-dire sur la candidature du prince de Hohenzollern, votre réclamation ait été écoutée, et qu'il y ait été fait droit ? Est-il vrai que vous rompez sur une question de susceptibilité, très-honorable je le veux bien, mais vous rompez sur une question de susceptibilité ? (*Mouvement.*)

Eh bien ! messieurs, voulez-vous qu'on dise, voulez-vous que l'Europe tout entière dise que le fond était accordé, et que, pour une question de forme, vous vous êtes décidés à verser des torrents de sang ? (*Réclamations bruyantes à droite et au centre. — Applaudissements à gauche.*)

M. LE MARQUIS DE PIRÉ. — C'est tout le contraire.

M. THIERS. — Prenez-en la responsabilité.

M. LE MARQUIS DE PIRÉ. — Oui ! oui !

M. GLAIS-BIZOIN. — Non !

M. THIERS. — Ici, messieurs, chacun de nous doit prendre la responsabilité qu'il croit pouvoir porter.

A droite. — Oui ! oui ! tout entière !

M. THIERS. — Quant à moi, soucieux de ma mémoire...

M. BIROTTEAU. — Nous aussi !

M. THIERS. — Je ne voudrais pas qu'on puisse dire... (*Interruptions.*) que j'ai pris la responsabilité d'une guerre fondée sur de tels motifs... Le fond était accordé, et c'est pour un détail de forme que vous rompez. (Non ! non ! — Si ! si !) Je demande donc à la face du pays qu'on nous donne connaissance des dépêches d'après lesquelles on a pris la résolution qui vient de nous être annoncée; car, il ne faut pas nous le dissimuler, c'est une déclaration de guerre ! (Certainement ! — *Mouvement prolongé.*)

M. GRANIER DE CASSAGNAC. — Je le crois bien !

M. THIERS. — Messieurs, je connais ce dont les hommes sont capables sous l'empire de vives émotions. Pour moi, si j'avais eu l'honneur de diriger, en cette circonstance, les destinées de mon pays (*Interruptions.*), j'aurais voulu lui ménager quelques instants de réflexion, avant de prendre pour lui une résolution aussi grave.

M. BIROTTEAU. — Quand on est insulté, on n'a pas besoin de réfléchir.

M. Thiers. — Quant à moi, je regarde cette guerre comme souverainement imprudente. Cette déclaration vous blesse, mais j'ai bien le droit d'avoir une opinion sur une pareille question. Plus que personne, je le répète, je demande la réparation des événements de 1866; mais je trouve l'occasion détestablement choisie. (*Réclamations.*)

Quelques membres à gauche. — Oui !

M. Thiers. — Sans doute, la Prusse s'est mise gravement dans son tort, très-gravement. Vous vous êtes adressés à l'Europe, et l'Europe, avec un empressement qui l'honore elle-même, a voulu qu'il vous fût fait droit sur le point essentiel.

A droite et au centre.— Mais non, non !

A gauche. — Très-bien ! Parlez.

M. Thiers. — Vous avez exprimé votre opinion, laissez-moi dire la mienne en quelques mots. Laissez-moi exprimer mes sentiments, tout douloureux qu'ils soient, et si vous ne comprenez pas qu'en ce moment je remplis un devoir, le plus pénible de ma vie, je vous plains. (Très-bien ! très-bien ! *à gauche.* — *Réclamations au centre et à droite.*) Oui, quant à moi, je suis tranquille pour ma mémoire, je suis sûr de ce qui lui est réservé pour l'acte auquel je me livre en ce moment ; mais pour vous, je suis certain qu'il y aura des jours où vous regretterez votre précipitation. (Allons donc ! allons donc !)

A gauche. — Très-bien !

M. Thiers. — Eh bien, quant à moi...

M. le marquis de Piré, *avec violence.* — Vous êtes la trompette antipatriotique du désastre. (N'interrompez pas !) Allez à Coblentz !

M. Thiers. — Offensez-moi... Insultez-moi ! Je suis prêt à tout subir pour défendre le sang de mes concitoyens, que vous êtes prêts à verser aussi imprudemment !

M. Emile Ollivier. — Non, non.

M. le marquis de Piré. — Je ne parle pas de votre personne, je parle de vos principes.

M. Thiers. — Je souffre, croyez-le, d'avoir à parler ainsi.

M. le marquis de Piré. — C'est nous qui souffrons de vous entendre.

M. Thiers. — Dans ma conviction, je vous le répète en deux mots, car si je voulais vous le démontrer, vous ne m'écouteriez pas, vous choisissez mal l'occasion de la réparation que vous désirez, et que je désire comme vous.

M. Gambetta. — Très-bien !

M. Thiers. — Plein de ce sentiment, lorsque je vois que, cédant à vos passions, vous ne voulez pas prendre un instant de réflexion, que vous ne voulez pas demander la connaissance des dépêches sur lesquelles votre jugement pourrait s'appuyer, je dis, messieurs, permettez-moi cette expression, que vous ne remplissez pas dans toute leur étendue les devoirs qui vous sont imposés.

M. le baron Jérome David. — Gardez vos leçons; nous les récusons.

M. Thiers. — Dites ce que vous voudrez, mais il est bien imprudent à vous de laisser soupçonner au pays que c'est une résolution de parti que vous prenez aujourd'hui. (*Vives réclamations.*) Je suis prêt à voter au gouvernement tous les moyens nécessaires quand la guerre sera définitivement déclarée ; mais je désire connaître les dépêches sur lesquelles on fonde cette déclaration de guerre. La Chambre fera ce qu'elle voudra, je m'attends à ce qu'elle va faire; mais je décline, quant à moi, la responsabilité d'une guerre aussi peu justifiée. (*Vive approbation et applaudissements sur les bancs de la gauche.*)

***

« M. Thiers a eu de grandes et glorieuses journées dans son histoire : au 8 février 1871, la France a pris son nom pour drapeau du salut public, et le 22 mai 1871, sa prudence et sa fermeté ont assuré la victoire de la souveraineté nationale sur l'insurrection parisienne; mais il n'a pas eu, selon nous, de plus belle et de plus glorieuse journée que celle du 15 juillet, quand, suppliant le Corps législatif de sauver les dernières espérances de la paix, il s'écriait : « L'histoire, « la France, le monde nous regardent, messieurs ! de « la résolution que nous allons prendre peut résulter « la mort de plusieurs milliers d'hommes, et dépend « peut-être la destinée de notre pays ! » Quelle émotion, lorsqu'aujourd'hui, après l'événement, nous relisons ces graves paroles !

(*M. Saint-Marc-Girardin, Rapport au nom de la commission d'enquête sur les actes du gouvernement de la Défense nationale.*)

*
* *

Le 19 juillet, la déclaration de guerre était notifiée à la Prusse.

CHAPITRE IV.

L'OPINION DE L'EUROPE.

Quel effet produisit en Europe cette déclaration de guerre ? C'est ce qu'il est facile d'apprécier par les dépêches suivantes.

Grâce à la légèreté du gouvernement, la cause de la France était à l'avance perdue auprès des cabinets européens.

*
* *

M. de Beust exprima sa désapprobation et son regret de la façon précipitée avec laquelle le gouvernement français a parlé aux Chambres, ce qui tendait gravement à augmenter les difficultés et les dangers.

(*Dépêche de lord Bloomfield, ambassadeur d'Angleterre à Vienne, 9 juillet* 1870.)

Dépêche de lord Granville à l'ambassadeur britann que à Paris.

9 juillet 1870.

Le gouvernement de Sa Majesté n'a pas cessé de regretter la teneur des déclarations successives faites dans les Chambres françaises et dans la presse, déclarations qui tendent à exciter, plutôt qu'à calmer, les sentiments d'irritation qui se sont manifestés en France, et ne sont que trop de nature à en provoquer de semblables en Espagne et en Allemagne. Les regrets du gouvernement de la reine ont encore été augmentés par suite de la déclaration que vous a faite le duc de Gramont, au sujet des préparatifs militaires qui vont être poussés. Une telle attitude est calculée, nous le craignons, pour faire avorter les efforts du gouvernement de Sa Majesté, en vue d'un règlement amical de la question. Elle est calculée de façon à nous faire douter sérieusement s'il convient de poursuivre ces efforts, en ce moment, alors que la précipitation de la France ne peut guère manquer de les rendre vains et illusoires. Peut-être, serait-il mieux de réserver notre action pour l'avenir, alors que les deux parties seront disposées à la seconder par leur modération.

Je suis, etc.

GRANVILLE.

*
* *

10 juillet 1870.

Le Gouvernement de la reine agira avec calme et modération dans la direction future de la discussion. Il ne peut que regretter le langage altier (*strony langage*) dont ont usé le gouvernement et la presse française. Il est plus inquiet encore des préparatifs militaires qui sont en voie d'exécution, et doit se demander si, dans cet état de choses, il serait judicieux de persévérer dans ses efforts, pour amener une solution amiable. Le gouvernement de Sa Majesté a, M. de Gramont le sait, usé de tous ses efforts pour arriver à une semblable solution, mais il ne peut s'empêcher de craindre que la précipitation du gouvernement français ne rende tous ses efforts négatifs.

Lord Lyons.

*
* *

Dépêche adressée de Vienne au prince de Metternich.

11 juillet 1870.

Il y avait en ceci l'occasion d'engager une campagne diplomatique, où la France avait la partie fort belle, où la Prusse et l'Espagne étaient évidemment dans leur tort, et où l'Europe aurait été toute disposée à se mettre du côté de la France, et à exercer sur les deux autres puissances une pression qui aurait eu pour résultat, soit de donner pacifiquement une ample satisfaction aux intérêts français, soit d'assurer au gouvernement français un grand ascendant moral si, cette satisfaction lui étant refusée, il était contraint à prendre les armes...

Le gouvernement français ne s'est pas conformé dès le début, au plan que je viens d'esquisser. Les premières manifestations ne portent pas le caractère d'une action diplomatique ; elles sont bien plutôt une véritable déclaration de guerre adressée à la Prusse, en des termes qui jettent l'émoi dans toute l'Europe, et lui font croire aisément au dessein prémédité d'amener la guerre à tout prix. Le langage public des ministres français, suivi de préparatifs de guerre immédiats, rend la retraite difficile aux Prussiens, aussi bien qu'aux Espagnols, et ne facilite pas aux cabinets la tâche de s'interposer en faveur des intérêts français. Nous aimons encore à espérer que l'affaire pourra rentrer dans une voie plus conforme au point de vue diplomatique, et que la France n'en obtiendra pas moins un succès éclatant.

Dépêche au prince de Metternich.

11 juillet 1870.

Je vais, d'ailleurs, plus loin, et je dirai que, même si nous avions promis un concours matériel, en cas de guerre entre la France et la Prusse, ce n'aurait jamais été que comme le corollaire d'une politique suivie d'un commun accord.

Jamais nous n'aurions songé, et aucun État ne songerait jamais, à se mettre vis-à-vis d'un autre dans une situation de dépendance telle qu'il dût prendre les armes, suivant le bon plaisir de l'autre. L'empereur Napoléon nous a promis de venir à notre secours, si nous étions attaqués par la Prusse, mais sans doute il ne se croit pas obligé d'emboîter le pas derrière nous, s'il nous prend fantaisie de déclarer la guerre à la Prusse sans son assentiment.

Mais, la France, alléguera-t-on, n'est pas, dans la circonstance actuelle, l'agresseur. C'est la Prusse qui provoque la guerre, si elle ne retire pas la candidature du prince de Hohenzollern.

Ceci est un point qu'il est indispensable d'examiner. Je veux m'expliquer à cet égard avec une entière sincérité, et en véritable ami de la France.

Dans tous nos pourparlers confidentiels avec le gouvernement français, nous avons toujours pris pour point de départ que nous n'aurions recours à la guerre que si elle était nécessaire.

L'est-elle, dans le cas présent? Elle le deviendra peut-être, mais, assurément, ce sera dû, en grande partie à l'attitude prise, dès le début, par la France, car la candidature du prince de Hohenzollern n'était pas un fait de nature à mener par lui-même à cette conséquence.

*
* *

Dépêche de lord Lyons.

12 juillet 1870.

Je ne dissimulai à M. de Gramont ni ma surprise, ni mon regret de voir le gouvernement français hésiter un instant à considérer la renonciation du prince comme une solution de l'affaire. Je lui rappelai en détail les assurances qu'il m'avait formellement autorisé à donner au gouvernement de la reine, à savoir que, si le prince retirait sa candidature, tout serait fini. Je fis observer, en outre, à M. de Gramont, que la renonciation du prince avait totalement modifié la position de la France. Si la guerre survenait à présent, toute l'Europe dirait que c'est la faute de la France; que la France s'est jetée dans une querelle sans cause sérieuse, simplement par orgueil et par ressentiment. Un des avantages de la première position de la France, c'était que la querelle avait pour objet un incident qui touchait très-peu aux passions de l'Allemagne, et pas du tout à ses intérêts. A présent, la Prusse peut espérer rallier l'Allemagne pour résister à une attaque qui ne pouvait être attribuée qu'au mauvais vouloir, à la jalousie de la France et à un désir passionné d'humilier ses voisins. — En fait, dis-je, la France aura contre elle l'opinion du monde entier, et sa rivale aura tout l'avantage d'être manifestement contrainte à la guerre pour sa défense et pour repousser une agression.

***

Dépêche de lord Granville.

Foreign-Office, le 13 juillet 1870.

Mylord, le gouvernement a éprouvé un grand désappointement, en apprenant, par votre télégramme, le langage dont M. de Gramont s'est servi aujourd'hui au Corps législatif.

Nous espérions qu'après la renonciation du prince Léopold, le gouvernement impérial reconnaîtrait que son honneur et sa dignité étaient sauvegardés, et aurait volontiers accepté la solution qui, d'après ce qu'avait dit M. de Gramont à Votre Excellence, devait terminer le débat, et qui peut être acceptée comme preuve du désir du roi de Prusse de conserver des rapports d'amitié avec la France.

Je suis, etc.

GRANVILLE.

*
* *

Dépêche de lord Granville.

Foreign-Office, le 14 juillet 1870.

L'affirmation faite par le duc de Gramont au Corps législatif que les cabinets auxquels le gouvernement s'était adressé paraissaient admettre la légitimité de ses griefs, n'est pas, en fait, applicable au gouvernement britannique.

*
* *

Dépêche de lord Granville.

15 juillet 1870.

La Prusse avait fait preuve, en présence d'une menace publique de la part de la France, d'un calme et d'une modération qui feraient de toute concession ultérieure de sa part l'équivalent d'une soumission à la volonté arbitraire de la France, et qui serait considérée comme une humiliation que le sentiment national de toute l'Allemagne répudierait certainement comme une nouvelle insulte.

L'opinion publique en Allemagne prouve que, sous l'influence des menaces de la France, toute l'Allemagne était arrivée à la conclusion, que la guerre, même dans les circonstances les plus difficiles, serait préférable à la soumission du roi à l'*injustifiable demande* de la France.

CHAPITRE V.

« NOUS SOMMES PRÊTS. »

Les guerres antérieures soutenues par l'empire avaient prouvé que notre organisation militaire avait besoin de réformes profondes. Et, cependant, le gouvernement impérial, en dépit de tous les avertissements, ne cessait de répéter « que la France était prête ». Il est nécessaire de remettre sous les yeux quelques-unes de ces affirmations.

*
* *

«..... Quoi ! une nation comme la France qui, en quelques semaines, peut réunir sous ses drapeaux six cent mille soldats, qui a, dans ses arsenaux, huit mille pièces de canon de campagne, dix-huit cent mille fusils et de la poudre, pour faire dix ans la guerre, ne serait pas toujours prête à soutenir par les armes son honneur compromis ou son droit méconnu?

« L'armée ne serait pas prête à entrer en campagne, quand elle compte dans ses rangs ces vétérans d'Afrique, de Sébastopol et de Solférino? quand elle a pour les commander ces généraux expérimentés et cette foule de jeunes officiers préparés, par les expéditions en Algérie et la guerre du Mexique, à exercer des commandements supérieurs ? Quelle est donc l'armée en Europe qui renferme de pareils éléments d'expérience et d'énergie?

« Notre infanterie n'est pas entièrement armée de fusils à aiguille. Mais, nos voltigeurs ont-ils jamais été arrêtés, pendant les anciennes guerres, dans leur marche en avant.... par les Tyroliens armés de leurs carabines rayées ou par les riflemen anglais? Oh! alors, hâtons-nous de rappeler ces vertus militaires de nos pères, cela vaudra mieux que le fusil à aiguille! »

(*Mémoire du maréchal Randon, avril* 1867.)

*
* *

Pendant toute l'année 1869, jusqu'au moment de sa mort, le maréchal n'a cessé de déclarer au Corps législatif, au Sénat, à la commission du budget, au conseil d'Etat, partout, que l'armée était complétement prête, organisée, équipée, approvisionnée, instruite, et qu'en sept jours, elle pourrait présenter en bataille plus de 600,000 combattants.

(*M. Émile Ollivier — Principes de conduite.*)

*
* *

A aucune époque, l'armée n'a reçu une éducation plus complète, au point de vue de la guerre.

Notre situation est telle, qu'en maintenant notre armée sur son pied normal de paix, avec l'organisation si profondément préméditée par l'empereur, et dont, par son initiative, notre système militaire est aujourd'hui doté, nous ne pouvons jamais être surpris, grâce aussi à nos approvisionnements, que je considère comme un dépôt sacré auquel il ne faut jamais toucher, qu'en temps de guerre, grâce enfin à nos armements de réserve, qui sont sur un pied des plus respectables.

Le nombre de nos nouveaux fusils dépasse à présent un million.

On en fabrique encore 1,200 par jour, et on en pourrait faire le double.

Sous le rapport de l'armement, nous sommes donc tranquilles, et nos magasins sont en bon état. Au point de vue de l'attelage, nous sommes en bonne position. S'il était nécessaire d'appeler les réserves, qui font monter notre armée à 660,000 hommes, dans la situation actuelle, il ne faudrait pas longtemps pour les mettre en route.

Quand on prend un nouveau contingent, tous les hommes faisant partie de ce contingent sont immédiatement incorporés dans chaque arme, et affectés à un régiment ; ils ont leurs noms inscrits sur un contrôle spécial ; on sait à quels régiments ils appartiennent ; aussi, dès qu'on a besoin d'eux, on sait où ils sont, on n'a qu'un ordre de route à leur donner, l'ordre est porté par la gendarmerie, et ils rejoignent leur corps ; tout cela s'accomplit dans l'espace de sept jours.

Si j'ajoute que, dans toute cette réserve, il n'y a pas un homme, sauf quelques soutiens de famille, qui n'ait été exercé plus ou moins, cinq mois au minimum, j'espère que le Sénat partagera mon avis, à savoir que cette armée, organisée sur le pied de paix, le plus faible de tous ceux que nous avons eu depuis quinze ans, répond, quand on la considère au point de vue des nécessités de la guerre, à tous les besoins ; qu'elle peut être facilement mise debout très-promptement, *et qu'il ne lui manque rien.* (*Enthousiasme du Sénat.*)

(*Discours du maréchal Niel*, 9 *avril* 1869.)

*
* *

Les soldats de la garde nationale mobile sont tous immatriculés sur les contrôles, organisés par circonscriptions territoriales en compagnies et bataillons. Nous marchons à l'organisation des cadres d'officiers.

Si le danger menaçait, s'il fallait arriver à une organisation très-rapide, nous sommes à ce point que nous y arriverons très-vite.

Nous avons une armée excellente, instruite, pleine d'ardeur, parfaitement organisée, et pourvue de tout.

Le jour où le pays serait menacé, vous la trouveriez pleine d'enthousiasme : et elle est, de plus, aujourd'hui instruite plus que jamais.

Notre peuple est extrêmement sensible à l'injure ; il ne sait pas supporter l'outrage ; le plus grand malheur qui pourrait lui arriver, ce serait de recevoir un outrage, s'il était désarmé. Il renverserait tout autour de lui. (Très-bien ! très-bien !) Il s'en prendrait au gouvernement, et il aurait raison. Il faut toujours une force qui assure la sécurité du pays.

Je ne sais pas ce qu'on pense généralement en France, mais, pour mon compte, je vois avec beaucoup de philosophie les questions de paix ou de guerre qui s'agitent autour de nous à l'étranger, parce que *si la guerre devenait nécessaire, nous sommes parfaitement en mesure de la supporter.* (*Bravos et applaudissements.*)

(*Discours du maréchal Niel,* 20 *mars* 1869.)

***

Aujourd'hui, que nous soyons à la paix ou à la guerre, cela ne fait absolument rien au ministre de la guerre. Il est toujours prêt.

Je ne veux pas répéter ce que j'ai dit plusieurs fois, comment l'armée peut entrer en huit jours sur le pied de guerre, et avoir 600,000 hommes bien armés et aguerris. Il n'y a qu'un ordre à donner.

N'est-ce pas une force énorme, pour un pays comme la France, de savoir que, si les circonstances changeaient, toutes les forces militaires sont prêtes, qu'il peut être parfaitement tranquille, qu'il peut se livrer à son commerce, à son industrie en toute sécurité, et laisser ses voisins faire de la politique, au point de vue de la guerre ; car il sait qu'il ne sera pas pris au dépourvu, et que, *si le moment de combattre venait tout le monde serait prêt.* Cette nouvelle sera une bonne nouvelle pour le pays.

(*Discours du maréchal Niel,* 12 *avril* 1869.)

***

L'honorable M. Pelletan dit qu'on ne peut assiéger une place qu'après l'avoir investie, que c'est alors seulement qu'on a des chances pour la prendre.

L'honorable M. Pelletan a raison. Mais, quel développement faudrait-il donner aux troupes assiégeantes pour investir Paris ? Un développement de vingt lieues. Quelle est l'armée ennemie, quelque forte qu'elle soit, qui oserait, au cœur de la France, se placer sur un cercle de vingt lieues ? Ah ! ce cercle serait bientôt forcé ! Non, il n'est pas possible d'investir Paris : il faut qu'on l'attaque par quelque côté isolément, mais alors ce ne sera pas Paris qui sera assiégé, c'est l'assiégeant qui sera enveloppé, qui sera pris de tous les côtés.

Les fortifications de Paris sont si bien entendues, elles en rendent le siége tellement incertain, qu'*il est évident que Paris ne sera pas assiégé*, mais à la condition que les fortifications de Paris conserveront toute leur valeur, et qu'on ne laissera pas bâtir dans la zone.

(*Discours du maréchal Niel*, 22 *avril* 1869.)

*
* *

« L'organisation des équipages d'artillerie de campagne est entièrement terminée, et les magasins renferment tous les éléments, pour compléter rapidement les équipages nécessaires aux armées.

« Il en est de même des équipages de siége, dont le matériel considérable peut, bien que réparti forcément dans plusieurs places, être réuni, en peu de temps, sur un point donné.

« L'armement des places, en bouches à feu rayées, se complète successivement, suivant l'ordre d'importance de ces places, et la mise en batterie des pièces de l'armement de sûreté est exécutée, aussitôt que le permettent les travaux préalables dépendant du service du génie. »

(*Exposé du ministère de la guerre*, 31 *janvier* 1869.

« Ma seule politique, la voici : c'est d'être toujours prêt : quant à me mêler de la paix ou de la guerre, cela ne me regarde pas. Si la guerre arrive, je dois être prêt, tel est mon devoir et je le remplirai. (Très-bien ! très-bien ! *Applaudissements.*) »

(*Discours du maréchal Lebœuf,* 30 *mars* 1870.)

*
* *

La loi militaire et les **SUBSIDES ACCORDÉS PAR VOTRE PATRIOTISME** ont contribué à affermir la confiance du pays, et, dans le juste sentiment de sa fierté, il a éprouvé une réelle satisfaction, le jour où il a su qu'il ÉTAIT EN MESURE DE FAIRE FACE A TOUTES LES ÉVENTUALITÉS.

LES ARMÉES DE TERRE ET DE MER, FORTEMENT CONSTITUÉES, sont sur le pied de paix ; l'effectif maintenu sous les drapeaux n'excède pas celui des régimes antérieurs, mais *notre armement* PERFECTIONNÉ, *nos arsenaux et nos magasins* REMPLIS, *nos réserves* EXERCÉES, *la garde nationale en voie d'organisation, notre flotte transformée,* NOS PLACES FORTES EN BON ÉTAT, donnent à notre puissance un développement indispensable.

Le but constant de mes efforts est ATTEINT; les ressources militaires de la France sont désormais à la hauteur de ses destinées dans le monde.

(*Discours de l'empereur*, 18 *janvier* 1869.)

L'histoire dira avec quelle activité, quelle persévérance, quelle force de volonté, quelle merveilleuse fécondité de ressources le maréchal Niel, entrant profondément dans la pensée de l'empereur, est parvenu à résoudre ce problème, jusqu'alors réputé insoluble, de doubler les forces militaires de la France, non-seulement sans augmenter ses charges, en temps de paix, mais en les allégeant pour les familles, et en diminuant les dépenses du Trésor.

Rappelons ici CE QUI A ÉTÉ FAIT; le tableau est assez grand pour se passer de commentaires :

Une armée de ligne de 750,000 *hommes disponibles pour la guerre; près de* 600,000 *hommes de garde nationale mobile; l'instruction dans toutes les branches poussée à un degré inconnu jusqu'ici*; *nos règlements militaires remaniés, et mis en rapport avec les exigences nouvelles;* les conditions de l'existence du soldat et de l'officier largement améliorées ; l'avenir des sous-officiers qui ne veulent pas poursuivre leur carrière militaire, assuré par leur admission aux emplois civils ; 1,200,000 *fusils fabriqués en moins de dix-huit mois, les places mises en état, et armées, les arsenaux remplis, un matériel immense prêt à suffire à toutes les éventualités, quelles qu'elles soient, et, en face d'une telle situation, la France confiante dans sa force, garantie solide de la paix.*

Tous ces GRANDS RÉSULTATS *obtenus en* DEUX ANNÉES !

(*Journal officiel,* 16-17 *août* 1869.)

« LA DIGNITÉ DE LA FRANCE EST MÉCONNUE. Votre Majesté tire l'épée : la patrie est avec vous, frémissante d'indignation et de fierté.

« Les écarts d'une ambition surexcitée par un jour de grande fortune devaient tôt ou tard se produire.

« Se refusant à des impatiences hâtives, animé de cette calme persévérance qui est la vraie force, l'empereur a su attendre ; MAIS DEPUIS QUATRE ANNÉES IL A PORTÉ A SA PLUS HAUTE PERFECTION L'ARMEMENT DE NOS SOLDATS, ÉLEVÉ A TOUTE SA PUISSANCE L'ORGANISATION DE NOS FORCES MILITAIRES.

« GRACE A VOS SOINS, *la France est* PRÊTE, sire, et par son enthousiasme, elle prouve que, comme vous, elle était résolue à ne tolérer aucune entreprise téméraire.

« Si l'heure des périls est venue, l'HEURE DE LA VICTOIRE EST PROCHE. Bientôt, la patrie reconnaissante décernera à ses enfants les honneurs du triomphe. Bientôt, l'Allemagne affranchie de la domination qui l'opprime, la paix rendue à l'Europe par la gloire de nos armes, Votre Majesté, qui, il y a deux mois, recevait pour elle et pour sa dynastie une nouvelle force de la volonté nationale, Votre Majesté se dévouera, de nouveau, à ce grand œuvre d'amélioration et de réformes dont la réalisation, la France le sait et le GÉNIE de l'Empereur le lui garantit, *ne subira d'autre retard que celui que vous emploierez à* VAINCRE. »

(*Discours de M. Rouher,* 16 *juillet* 1870.)

La France peut ainsi ARMER DEUX MILLIONS DE DÉFENSEURS; *leurs fusils sont prêts,* et il *en restera encore UN MILLION* en réserve.

(*Déclaration de M. le général Dejean, ministre de la guerre par intérim.*)

*
* *

M. le ministre de la guerre nous a justifié, en peu de mots, l'urgence des crédits demandés, et ses explications catégoriques, en même temps qu'elles nous conduisaient à l'approbation des projets de lois, nous montraient qu'*inspirées par une sage prévoyance, les deux administrations de la guerre et de la marine se trouvaient en état de faire face, avec une promptitude remarquable, aux nécessités de la situation.*

(*Rapport de M. de Talhouet.*)

*
* *

..... Que les Prussiens prennent tout leur temps! LA FRANCE EST PRÊTE!

PAUL DE CASSAGNAC.
(*Le Pays,* du 9 *juillet* 1870.)

*
* *

..... Personne n'ignore qu'en ce moment, nous

avons vingt jours d'avance sur la Prusse. Nous sommes prets. Ils ne le sont pas.

Paul de Cassagnac.

(*Le Pays, du* 12 *juillet* 1870).

***

..... Du côté de la Prusse, la mesure des outrages et des provocations est comble.

Du côté de la France, les préparatifs nécessaires sont terminés.

L'Empereur, admirablement secondé par les généraux Niel et Le Bœuf, ainsi que par l'amiral Rigault de Genouilly, a porté la force militaire du pays, *comme personnel et matériel, comme armement et approvisionnement,* A UN DEGRÉ D'INTENSITÉ FORMIDABLE.

On est en état de mettre en ligne autant de soldats que la Prusse, ET AUSSI VITE, avec l'avantage d'un armement supérieur.....

A. Granier de Cassagnac.

(*Le Pays, du* 18 *juillet* 1870).

***

Quand je voulus poser deux ou trois questions à M. le maréchal Le Bœuf, lui demander ce qu'il allait faire de ces soldats, autorisés par lui-même à se marier, et s'il comptait sur des hommes qui étaient dans leurs foyers depuis longtemps, le maréchal Le

Bœuf me répondit : *Nous sommes prêts ! nous sommes prêts !* Mes collègues le répétaient. J'ai suivi le courant avec regret, mais je l'ai suivi...

Je dois insister aussi sur une question que nous posâmes dans la commission aux trois ministres : « Mais, enfin, sommes-nous prêts ? » — *Et alors nous entendîmes les trois ministres, et particulièrement M. Ollivier et le maréchal Le Bœuf dire que* NOUS ÉTIONS PRETS pour *soutenir la lutte*, que nous n'avions rien à craindre, que nous avions huit ou dix jours d'avance sur l'ennemi ; enfin, qu'au point de vue militaire, NOUS ÉTIONS ABSOLUMENT PRÊTS.

Lorsque, trois semaines plus tard, je me suis retrouvé dans cette pièce, où les ministres nous avaient affirmé que nous étions prêts, et quand le général de Montauban nous a exposé l'état de nos forces et de nos arsenaux, c'est alors que j'ai dit : NOUS AVONS ÉTÉ TROMPÉS !

(*M. Dréolle. Déposition devant la commission d'enquête.*)

*
* *

On n'avait pas suffisamment analysé et étudié la situation militaire, au point de vue de la mobilisation et de la valeur intrinsèque des réserves. Nous n'avions, en réalité, de bonne armée que celle qui était sous les drapeaux. Quant aux réserves, elles devaient tromper l'attente de ceux qui, dans leurs prévisions, les avaient fait entrer en ligne de compte, sur le même pied que l'armée active. Nous avons déjà dit comment, sillonnant, en tout sens, le territoire français, ces hommes demi-soldats et demi-civils, rejoignaient leurs corps avec une lenteur déplorable et dans des conditions détestables. Nous devons ajouter que le même vice d'organisation présida à la concentration du matériel sur les points désignés.

(*Duc de Gramont. La France et la Prusse avant la guerre.*)

***

Savez-vous pourquoi je n'ai pas été au nombre des douze députés qui ont voté contre la guerre de 1870?

Nous avons été indignement trompés !

Oui, l'on est venu dire à une Chambre française que la France était outragée, mais que notre armée était là, nombreuse, préparée, et, par conséquent, invincible, que le temps marchait, qu'il fallait se hâter si l'on ne voulait être surpris, et frapper un de ces coups foudroyants dont notre génie semblait jusqu'ici avoir seul le secret.

J'entends encore la voix émue et respectée de l'honorable marquis de Talhouët, dans cette séance fameuse du 15 juillet, proposant à la Chambre, au nom de la commission, de verser son sang et son or pour venger notre injure.

Cette commission, monsieur, avait appelé devant

elle le ministre des affaires étrangères et le ministre des armes : elle les avait interrogés avec une attention redoutable, scruté les causes de la guerre, passé en revue nos flottes et nos armées ; elle nous disait d'une voix unanime, par la bouche de son honorable rapporteur, ces mémorables et patriotiques paroles :

Le sentiment profond produit par l'examen des documents qui nous ont été soumis est que la France ne pouvait subir l'affront fait à la nation.

Elle ajoutait : *Qu'inspirées par une sage prévoyance, les deux administrations de la guerre et de la marine se trouvaient en état de faire face avec une promptitude remarquable aux nécessités de la situation.*

J'ai cru, monsieur, comme les membres qui formaient cette commission, comme l'irréconciliable M. de Kératry, qui en fut le secrétaire, à ces affirmations solennelles.

On nous trompait ! l'histoire sévère et inexorable dira sur qui doit peser cette effroyable responsabilité !

(*Profession de foi de M. Lafond de Saint-Mür, en* 1876.)

*
* *

M. le baron Jérôme David. — Savez-vous ce qu'il faut dire à ce pays, ce qu'il faut lui faire comprendre — et il le comprendra de suite — c'est que cette guerre que vous avez prétendu qu'on avait recherchée...

Voix à gauche. — Oui ! oui !

M. Jérôme David. — Nos ennemis la voulaient, et ne cherchaient qu'un prétexte. (*Assentiment à droite et au centre.*)

Nous avons devant nous des armées organisées de longue main avec un matériel de transport, des ressources en vivres et des moyens d'exécution accumulés à dessein depuis plusieurs mois ; vous ne pouviez donc éviter la guerre sans abdiquer votre rôle en Europe. (*Interruption à gauche.*)

Écoutez donc, Messieurs, la question est assez grave, je vous supplie, je vous conjure de m'écouter. (Parlez ! parlez !)

Des armées comme cela, qui ont pu se porter en masse, et pénétrer comme des coins pointus au milieu de nos héroïques phalanges, hélas ! trop disséminées, ne se combinent pas en un jour, ne se combinent pas en un mois.

A droite et au centre. — C'est vrai ! c'est vrai !

M. le baron Jérôme David. — *La Prusse était prête*, et nous ne l'étions pas... (*Exclamations bruyantes à gauche.*)

Voix diverses à gauche. — Le ministère avait dit que nous l'étions ! Il nous a donc trompés ! — Il a trahi la France !

M. Jules Favre. — Il nous a jetés dans la ruine et dans la misère !

M. le comte de Kératry. — M. le ministre de la

guerre a déclaré que nous étions prêts, absolument prêts !

M. Jules Ferry. — Les ministres ont trompé le pays !

M. Jérôme David. — Écoutez-moi, et ne m'interrompez pas ainsi.

M. Emmanuel Arago. — Le ministère nous a dit qu'il était prêt, il a trompé la France.

M. le président Schneider. — Vous n'avez, quant à présent, ni à interpréter, ni à développer les paroles de l'orateur ; vous n'avez qu'à écouter, et à rechercher bien moins ce qui a été fait que ce qui est à faire. (*Exclamations à gauche.*)

M. le comte de Kératry. — M. Jérôme David veut-il me permettre de l'interrompre ?...

Quand M. le ministre de la guerre est venu dans la commission, il a donné sa parole d'honneur que nous étions prêts, et s'il nous avait dit qu'il n'était pas prêt, nos n'aurions pas voulu voter. (*Bruit.*)

(*Corps législatif, séance du* 9 *août* 1870.)

CHAPITRE VI.

LES DÉPÊCHES.

« Nous sommes prêts ! » disaient les ministres de l'empire, et dès le lendemain de la déclaration de guerre, de sanglants démentis se produisaient. Nous citons quelques-unes des dépêches des premiers jours.

Général de Failly, commandant 5e corps, à guerre. — Paris.

Bitche, le 18 juillet 1870.

Suis à Bitche avec 17 bataillons infanterie. Envoyez-nous argent pour faire vivre troupes. Les billets n'ont point cours. Point d'argent dans les caisses publiques des environs. Point d'argent dans les caisses des corps.

* * *

Le maréchal Bazaine au ministre de la guerre.

Metz, 18 juillet 1870.

Il résulte des entretiens que j'ai eus avec M. l'intendant de la 5e division et avec M. l'intendant général de l'armée *que les approvisionnements de toutes sortes seront insuffisants* quand les effectifs seront au complet.

On s'occupe activement de passer des marchés, les anciens entrepreneurs ayant fait défaut.

*
* *

Le maréchal Bazaine au ministre de la guerre.

Metz, 19 juillet 1870.

Le général de Failly me prévient que les 17 bataillons de son corps d'armée sont arrivés, et je transcris ci-après sa dépêche, qui a un caractère d'urgence :

« Aucunes ressources, point d'argent dans les caisses ou dans les corps. Je réclame de l'argent sonnant. *Nous avons besoin de tout, sous tous les rapports*. Envoyez des voitures pour les états-majors. Personne n'en a. Envoyez aussi des cantines d'ambulances.

« Dois-je aviser d'ici, ou attendre des ordres ? »

*
* *

Général Ducrot au ministre de la guerre.

19 juillet 1870.

Situation inquiétante, au point de vue des subsistances. Ressources du commerce presque nulles par suite de l'interruption des relations avec l'Allemagne et de l'impossibilité de faire arriver les denrées par le chemin de fer. La population civile elle-même en souffre beaucoup. Aucune mesure prise pour assurer les fournitures de viande. Je demande des pouvoirs pour prendre toutes les mesures qui me paraîtront commandées par les circonstances ou je ne réponds de rien...

***

Intendant général à Blondeau, directeur administration guerre. — Paris.

Metz, le 20 juillet 1870, 9 h. 50 m. matin.

Il n'y a à Metz ni sucre, ni café, ni riz, ni eau-de-vie, ni sel, peu de lard ou de biscuit. Envoyez d'urgence au moins un million de rations sur Thionville.

***

Général Ducrot à guerre. — Paris.

Strasbourg, le 20 juillet 1870, 8 h. 30 m. soir.

Demain il y aura à peine 50 hommes, pour garder la place de Neuf-Brisach ; et Fort-Mortier, Schlestadt, la Petite-Pierre et Lichtenberg sont également dégarnis. C'est la conséquence des ordres que nous exécutons. Il serait facile de trouver des ressources dans la garde nationale mobile et dans la garde nationale sédentaire, mais je ne me crois pas autorisé à rien faire, puisque Votre Excellence ne m'a donné aucun pouvoir. Il paraît positif que les Prussiens sont déjà maîtres de tous les défilés de la Forêt-Noire.

*
* *

Général commandant 2e corps à guerre. — Paris.

Saint-Avold, le 21 juillet 1870, 8 h. 55 m. matin.

Le dépôt envoie énormes paquets de cartes inutiles pour le moment; *n'avons pas une carte de la frontière de France ;* serait préférable d'envoyer en plus grand nombre ce qui serait utile, et dont nous manquons complétement.

*
* *

Général Michel à guerre. — Paris.

Belfort, le 21 juillet 1870, 7 h. 30 m. matin.

SUIS ARRIVÉ A BELFORT ; PAS TROUVÉ MA BRIGADE ; PAS TROUVÉ GÉNÉRAL DE DIVISION. QUE DOIS-JE FAIRE ? SAIS PAS OU SONT MES RÉGIMENTS.

*
* *

Le maréchal Bazaine au major général, à Paris.

Metz, 21 juillet 1870.

L'intendant Friant est arrivé. Dans la pénurie de toutes choses où nous sommes, je lui donne carte blanche pour organiser les services administratifs du 3e corps.

*
* *

Le maréchal Bazaine au ministre de la guerre.

Metz, 21 juillet 1870.

. . . .

Ainsi que j'ai eu l'honneur d'en rendre compte à Votre Excellence par dépêche télégraphique, en date de ce jour, j'ai autorisé M. l'intendant Friant à prendre toutes les mesures pour assurer les services administratifs qui, d'après les renseignements qui me viennent de tous côtés, laissent beaucoup à désirer.

M. l'intendant en chef de l'armée me fait savoir aujourd'hui que la plupart des voitures qui sont à Toul sont en mauvais état, que les bois ont joué, et que les roues ont besoin d'être châtrées. Tous les commandants de corps d'armée me demandent à grands cris des moyens de transport, des effets de campement, qu'il m'est impossible de leur faire délivrer.

M. le préfet de la Moselle m'informe qu'à Sarreguemines les approvisionnements de toutes natures n'arrivent plus.

*
* *

Le maréchal Bazaine au ministre de la guerre.

Metz, 21 juillet 1870.

Les corps ne peuvent avoir, quant à présent, toute leur mobilité future, car ils ne sont pas complétés en cantines d'ambulance et voitures réglementaires, en bâts, en harnais.

Bien plus, le 1er de ligne, arrivé aujourd'hui à Thionvillle, n'avait ni tentes-abris, ni effets de campement.

*
* *

Major général à commandants les 2e, 3e et 5e corps.

22 juillet 1870.

Exercez vos troupes à se garder avec le plus grand soin, à faire des patrouilles, des reconnaissances. Elles auront bientôt devant elles un ennemi qui, de longue main, s'est appliqué tout particulièrement, en temps de paix, à pratiquer le service de sûreté des camps, bivouacs et cantonnements. *Que l'on fasse des théories dans tous les corps* à ce sujet, et des exercices autant que possible.

*
* *

Général commandant 4e corps au major général. — Paris.

Thionville, le 24 juillet 1870, 9 h. 12 m. matin.

Le 4e corps n'a encore ni cantines, ni ambulances ni voitures d'équipages pour les corps et les états-majors.

Tout est complétement dégarni.

*
* *

Intendant 3e corps à guerre. — Paris.

Metz, le 24 juillet 1870, 7 h. soir.

Le 3e corps quitte Metz demain. Je n'ai ni infirmiers, ni ouvriers d'administration, ni caissons d'ambulance, ni fours de campagne, ni train, ni instruments de pesage, et, à la 4ᵉ division et à la division de cavalerie, je n'ai pas même un fonctionnaire. Je prie Votre Excellence de me tirer de l'embarras où je suis, le grand quartier général ne pouvant me venir en aide, bien qu'il y ait plus de dix fonctionnaires.

*
* *

De l'intendant de la 5e division militaire.

24 juillet 1870.

Metz, qui fournit aux 3e, 4e et 5e corps, n'a plus ni biscuit ni avoine.

*
* *

Le maréchal Bazaine au général Frossard, à Saint-Avold.

Metz, 24 juillet 1870.

Je réponds à votre lettre du 23, dont je donne communication à M. l'intendant en chef de l'armée pour ce qui concerne les moyens de transport qui manquent au 2e corps.

Vous avez raison de ne pas croire que j'ai arrêté à Metz, pour le 3e corps, tous les moyens dont dispose l'armée.

J'ai fait venir de Toul, comme vous probablement, les voitures qui m'étaient personnellement affectées, ou autres. Les divisions dont le 3e corps se compose viennent de Paris, où elles étaient constituées, et où plusieurs d'entre elles ont pris les moyens de transport qui leur étaient destinés ; mais pas plus que vous, je n'ai de moyens d'ambulances ni de cacolets.

Je n'ai pas un infirmier, et mon intendant est seul, sans sous-intendant, sans comptables, sans fours de campagne, pour parer aux besoins des mouvements que nous faisons.

*
* *

Sous-intendant à guerre, 6e direction, bureau des subsistances. — Paris.

Mézières, le 25 juillet 1870, 9 h. 20 m. matin.

Il n'existe aujourd'hui dans les places de Mézières et de Sedan, ni biscuit, ni salaisons.

*
* *

Le maréchal Bazaine au major général à Paris.

Metz, 22 juillet.

L'intendant du 3e corps demande douze fours de campagne qui lui sont indispensables. IL N'Y EN A PAS A METZ.

*
* *

Intendant général à guerre. — Paris.

25 juillet 1870.

J'ai vu tous les corps d'armée. Ils sont pourvus de tout ce que le pays produit. Ces ressources s'épuisent facilement. Je n'ai d'inquiétudes que pour ce qui doit être expédié de Paris : farines, vivres de campagne, avoines, etc. Partout, on réclame du matériel, voitures d'ambulances, cantines d'infirmerie, voitures du train, gamelles, bidons, marmites, ceintures de flanelle, dont je suis entièrement dépourvu. *Pas un corps d'armée n'a le personnel strictement nécessaire au service.*

*
* *

Colonel directeur parc, 3e corps, à directeur artillerie, ministère de la guerre. — Paris.

Metz, le 27 juillet 1870, 7 h. 58 m. matin.

Les munitions de canons à balles n'arrivent pas.

*
* *

Vice-amiral commandant en chef à marine. — Paris.

Brest, le 27 juillet 1870, 1 h. 55 m. soir.

La Majorité de Brest est dépourvue des cartes mer du Nord et Baltique. Il en faudrait onze séries à escadre actuelle.

Intendant général à guerre. — Paris.

Metz, le 27 juillet 1870, 12 h. 30 m. soir.

L'intendant du 1er corps m'informe qu'il n'a encore ni sous-intendant, ni soldats du train, ni ouvriers d'administration, et que, faute de personnel, *il ne peut atteler aucun caisson ni rien constituer.*

*
* *

Major général à guerre. — Paris.

Metz, le 27 juillet 1870, 1 h. 12 m. soir.

Les détachements qui rejoignent l'armée continuent à arriver sans cartouches et sans campement.

*
* *

Du major général.

28 juillet 1870.

Le biscuit manque pour se porter en avant.

*
* *

Intendant du 1er corps à guerre. — Paris.

Strasbourg, le 28 juillet 1870, 7 h. 35 m. matin.

Le 1er corps doit se porter en avant. Je n'ai encore reçu ni un soldat du train ni ouvrier d'administration.

Il est indispensable que ces moyens m'arrivent sans aucun retard. MM. les sous-intendants Geil, Bruyère et Fages ne sont pas encore arrivés.

*
* *

Le maréchal Bazaine au major général à Metz.

Boulay, 26 juillet.

Nous sommes toujours, en ce qui concerne le 3e corps, dans les mêmes conditions *au point de vue des ambulances* QUI NOUS FONT ABSOLUMENT DÉFAUT.

*
* *

Le général commandant la 1re division d'infanterie à M. le maréchal commandant le 1er corps, à Strasbourg.

Reichshoffen à Strasbourg, 29 juillet 1870, 6 h. 15 m.

La question des subsistances devient de plus en plus grave; l'administration ne nous donne absolument rien, les denrées s'épuisent dans les localités; il est urgent d'autoriser le chemin de fer, et même de lui ordonner de transporter sans retard les chargements de denrées alimentaires destinées aux particuliers. Le tabac manque également, parce qu'il n'y en a plus à Wissembourg, et que les débitants ne peuvent tirer leur approvisionnement que du chef-lieu d'arrondissement.

Major général à guerre. — Paris.

Metz, le 29 juillet 1870, 5 h. 36 m. matin.

Je manque de biscuit pour marcher en avant. Dirigez, sans retard, sur Strasbourg, tout ce que vous avez dans les places de l'intérieur.

*
* *

Major général à guerre.

29 juillet 1870.

Donnez ordre au dépôt de la guerre d'activer le plus possible l'envoi des volumes de notices et d'itinéraires qui *viennent* d'être imprimés chez Dumaine. L'empereur désire les avoir tirés très-promptement. Qu'on ne perde pas une minute.

*
* *

Major général à guerre. — Paris.

Metz, le 29 juillet 1870, 10 h. matin.

Le général de Failly réclame avec instance du campement; les tentes-abris, couvertures, bidons, gamelles sont en nombre insuffisant. Les hommes qui rejoignent le 5e corps arrivent presque tous sans campement, sans marmites. Il estime qu'il lui faudrait du campement pour 5,000 hommes.

Le maréchal Bazaine au général Ladmirault, à Thionville.

Boulay, 30 juillet 1870.

Je vous remercie des renseignements que vous m'envoyez sur le cours de la Sarre. Il est probable que si les pluies torrentielles qui ont signalé ces jours derniers continuaient, il y aurait des modifications dans le régime des eaux ; mais je sais que l'on prépare, au grand quartier général, les moyens qui nous sont nécessaires pour franchir ce cours d'eau.

Vous devez avoir reçu la feuille de renseignements n° 5, par laquelle on vous avise de grands mouvements de troupes sur la Sarre, et de l'arrivée du roi de Prusse à Coblentz. J'ai vu hier l'empereur, à Saint-Cloud : RIEN N'EST ENCORE ARRÊTÉ SUR LES OPÉRATIONS QUE DOIT ENTREPRENDRE L'ARMÉE FRANÇAISE.

Il semble, cependant, que l'on penche vers un mouvement offensif en avant du 2e corps.

***

Maréchal commandant 1er et 7e corps à guerre.

2 août 1870.

Le major général prescrit que les hommes d'infanterie soient toujours munis de deux rondelles et trois aiguilles de rechange. J'ai eu l'honneur de vous en demander par ma dépêche du 27 juillet. *L'artillerie n'a encore rien reçu.*

Intendant 7e corps à guerre. — Paris.

Belfort, le 4 août 1870, 7 h. 6 m. matin.

Le 7e corps n'a pas d'infirmiers, pas d'ouvriers, pas de train. Les troupes font mouvement. Je pare autant que possible la situation ; mais il est urgent d'envoyer du personnel à Belfort.

*
* *

Maréchal Canrobert à guerre. — Paris.

Camp de Châlons, le 4 août 1870, 8 h. 15 m. matin.

Dans les vingt batteries du 6e corps d'armée, il n'y a, en ce moment, qu'un seul vétérinaire. Prière de combler cette lacune.

*
* *

Général subdivision à général division. — Metz.

Verdun, le 7 août 1870, 5 h. 45 m. soir.

Il manque à Verdun, comme approvisionnement de siége, vin, eau-de-vie, sucre et café, lard, légumes secs, viande fraîche. Prière de pourvoir d'urgence pour 4,000 hommes.

*
* *

Préfet des Vosges à intérieur.

7 août 1870.

A Épinal, depuis quatre jours, 4,000 mobiles sans armes.

*
* *

Préfet du Rhône à intérieur.

7 août 1870.

La garde mobile n'a pas encore un fusil.

*
* *

Intendant 6e corps à guerre. — Paris.

Camp de Châlons, le 8 août 1870, 10 h. 53 m. matin.

Je reçois de l'intendant en chef de l'armée du Rhin la demande de 400,000 rations de biscuit et vivres de campagne.

Je n'ai pas une ration de biscuit ni de vivres de campagne, à l'exception du sucre et du café.

Décidez si je dois en envoyer.

*
* *

Préfet à intérieur. — Paris.

Perpignan, le 8 août 1870, 2 h. 15 m. soir.

Presque toutes les villes et positions frontières du département sont dépourvues de garnison. Cette situation crée des inquiétudes, et les populations murmurent de ce qu'on n'organise pas la garde nationale mobile. Il me paraît utile de rassurer promptement le pays, et je vous serais reconnaissant d'insister dans ce but auprès de votre collègue de la guerre. Il y a réellement urgence à sortir d'une situation fausse.

***

Guerre à major général armée du Rhin. — Metz.

Paris, le 8 août 1870, 6 h. 45 m. soir.

Le commandant de la place de Thionville me fait connaître qu'il vient de déclarer la ville en état de siége ; il demande des renforts ; la garnison, qui devrait être de 4 à 5,000 hommes, n'en a que 1,000, dont 600 mobiles, 90 douaniers et 300 cavaliers ou artilleurs non instruits.

***

Maréchal Canrobert à guerre. — Paris.

Camp de Châlons, le 10 août 1870.

Votre Excellence n'ignore pas que beaucoup d'isolés, malades ou blessés, sont dirigés sur le camp de Châlons.

Je continue à n'avoir ni marmites, ni gamelles, et ils sont dépourvus de tout. Mon devoir est de vous en informer. Nous n'avons ni sacs de couchage, ni assez de chemises, ni assez de chaussures.

*
* *

Préfet des Vosges à intérieur. — Paris.

Épinal, le 12 août 1870, 8 h. 5 m. matin.

Nous avons à Épinal, depuis douze jours, 4,000 gardes mobiles sans armes, mal payés, qui deviennent une cause d'inquiétude pour la population. Le gouvernement ne craint-il pas que cet élément de forces régulières ne soit enlevé par un mouvement subit de l'ennemi? Plus un seul soldat dans les Vosges, si ce n'est le corps Mac-Mahon qui en traverse l'extrême nord. Pas argent à la recette générale.

*
* *

Commandant supérieur Langres au ministre de la guerre. — Paris.

Langres, le 13 août 1870, 7 h. 35 m. soir.

Nous n'avons que 400 fusils, modèle 1842 transformé, se chargeant par la culasse; il nous arrive environ 6,000 gardes mobiles ; envoyer des armes de suite.

*
* *

Commandant supérieur Langres au ministre de la guerre. — Paris.

Langres, le 13 août 1870, 8 h. soir.

Nous n'avons ici ni bidons, ni gamelles pour faire manger la soupe à la garde nationale mobile qui se réunit à Langres : 200 hommes de la garde nationale mobile du département environ, 900 hommes de la garde nationale mobile de Lunéville environ. De suite ces objets de campement.

*
* *

Général 7e division à guerre. — Paris.

Besançon, le 15 août 1870, 9 h. 35 m. matin.

A Langres, sont réunis 3 bataillons de la garde mobile de la Haute-Marne, 1 de la Meurthe et

4 des Vosges. Il n'y a dans cette place aucun ustensile de campement; urgence d'y envoyer immédiatement tentes ou tentes-abris, couvertures, bidons, gamelles, marmites pour 8,000 hommes. Le même manque d'effets de campement se fait sentir à Besançon, à Vesoul, à Lons-le-Saulnier.

*
* *

Conseiller d'État en mission à intérieur.

30 août 1870.

« Garde mobile de l'Eure, excellent esprit, mais pas un fusil; il est inouï qu'elle n'en ait pas. »

———

CHAPITRE VII.

MATÉRIEL. — SUBSISTANCES. — FORTIFICATIONS.

M. L'INTENDANT BLONDEAU. — C'est le 10 juillet 1870 que j'ai été autorisé à dépasser d'un million les crédits alloués au budget de la guerre pour les services administratifs. Et il y a, à propos de ce million, une anecdote que je puis vous raconter : C'est le 10 que j'obtenais cette autorisation. Le retrait de la candidature du prince de Hohenzollern au trône d'Espagne se produit quelques jours apres.

M. LE MARQUIS D'ANDELARRE. — Le 12 juillet.

M. L'INTENDANT GÉNÉRAL BLONDEAU. — Lorsque la renonciation fut connue, le ministre me fit appeler, et me dit : Vous me rendrez bien mon million. — Il est dépensé, répondis-je. — Rendez-moi au moins cinq cent mille francs ! — Pas un centime, la dépense est engagée... Ainsi, ce million m'était accordé le 10, le 12, on me le réclamait.

M. LE PRÉSIDENT. — Vous comprenez, mes collègues,

toute l'importance de la déposition de M. l'intendant général. Depuis l'année 1867, époque où il est chargé du service important qu'il dirige, il se fait un devoir d'avertir le ministre de l'insuffisance de l'approvisionnement. Il sait que les approvisionnements, déjà insuffisants pour une armée de 400,000 ou 500,000 hommes, le seront bien davantage par suite de la création de la garde mobile qui peut, à un moment donné, porter le nombre des hommes réunis sous les drapeaux à 1,100,000. Il ne cesse de faire des appels au ministre qui devait plaider cette cause devant le Corps législatif, et ses efforts restent infructueux.

D'un autre côté, je lui ai demandé, si, lorsque le gouvernement, comme cela est notoire, réunissait autour de lui des généraux, pour étudier un plan de campagne, en vue de la guerre qu'il méditait, il avait songé à convoquer des intendants pour aviser aux moyens de combler les déficits, et de mettre le matériel au niveau des nécessités d'une grande entreprise, et il résulte de ses paroles que de pareilles prévisions n'étaient venues à la pensée de personne.

(Commission des marchés.)

***

M. Beau. — Ma question n'avait pas d'autre but que d'arriver à constater que, bien qu'on ait pu fournir certaines places de biscuit, il n'y en avait pas assez au commencement de la guerre, et qu'on en a manqué.

M. L'INTENDANT GÉNÉRAL BLONDEAU. — Évidemment on n'en avait pas assez, et à beaucoup près.

(*Commission des marchés.*)

*
* *

M. LE PRÉSIDENT. — Ce que nous voudrions savoir, c'est, si, en dehors des ressources auxiliaires, le service hospitalier normal avait été pourvu convenablement.

M. L'INTENDANT DE LA VALETTE. — Non, Monsieur le président.

M. LE PRÉSIDENT. — Pas même réglementairement ?

M. L'INTENDANT DE LA VALETTE. —Non, nous n'avions pas la dixième partie de ce qu'il nous fallait réglementairement?

(*Commission des marchés.*)

*
* *

Toute cette partie de notre enquête prouve, non pas un désordre quelconque dans les directions de l'artillerie, mais l'imprudence des hommes qui ont provoqué la guerre ; elle prouve aussi la forme défectueuse de ces situations officielles, qui ne font pas ressortir d'une manière assez précise les armes et les approvisionnements véritablement utiles... Nous avions 3,500,000 fusils, un million seulement pouvait armer utilement nos soldats. C'est avec ce million d'armes qu'on engageait la lutte contre une puissance qui avait employé de longues années à compléter et à perfectionner son armement... Le gouvernement avait-il scruté cette situation, s'était-il posé ces questions, avait-il fait ses calculs, avant de déclarer au pays que tout était prêt? C'était cependant le devoir impérieux qui lui était imposé, et sa responsabilité ne saurait être dégagée, parce qu'on viendrait à prouver que nos arsenaux contenaient effectivement des millions d'armes sans valeur et sans utilité.

(*Rapport de M. Riant, au nom de la commission des marchés.*)

*
* *

« Je veux appeler l'attention de l'Assemblée sur deux documents d'une haute importance.

« Le brave général Vinoy bat en retraite; cette retraite l'honore, aussi bien que le corps d'armée qui rentrait dans Paris.

« Il vous dit que toutes ses préoccupations c'est de ne pas rencontrer l'ennemi. Entendez-vous, messieurs? Un général français! Sa préoccupation est de ne pas rencontrer l'ennemi, *parce qu'il n'a pas de cartouches!* Il revient à Laon, il espère qu'à cette ligne de second rayon, où personne n'a passé, il va trouver des approvisionnements; il n'y a pas, dit-il, d'artillerie réglementaire pour défendre les remparts.

« Voici maintenant le maréchal Bazaine. Il vient de faire paraître un livre... Que dit-il ? — On appréciera plus tard la valeur de son plaidoyer. — « Si je me suis rabattu sur Metz, c'est que je n'avais « qu'un « jour de vivres et *pas de cartouches*. » Et, si plus tard il veut savoir ce qu'il y a dans Metz, il envoie le général Soleille qui lui dit : « Il n'y a que 800,000 « cartouches. »

« On convoque le conseil de guerre, et de même qu'on est venu dans Metz, parce qu'on n'a pas d'approvisionnements, on ne peut quitter Metz, parce qu'on n'a pu approvisionner l'armée !

« Que vous dit le général Ladmirault ? Il ne vous est pas suspect, celui-là !

« Il est impossible d'entreprendre une affaire de « longue haleine, car, à la première, on serait usé, « faute de munitions. »

« Que dit le maréchal Canrobert ?

« Verneuille, 17 août 1870.

« Je n'ai plus de cartouches, plus de munitions d'artillerie. »

« Je ne vous lirai pas les dépêches de Besançon ; le défilé en serait trop long.... J'ai dit que les cartouches nous manquaient. Savez-vous combien il y avait de cartouches, en dehors de Paris ? Cinq millions ! à peine de quoi fournir deux places, pas même pour une petite bataille. »

(*Discours de M. le duc d'Audiffret Pasquier*, 22 *mai* 1872.)

*
* *

Mon général,

Vous savez que j'ai fourni, sans demander des pièces en règle, et rien autre chose que des bons signés des officiers : du foin, de la paille, des vaches, etc., — d'abord à la brigade de Bernis, puis à votre division, puis à celle du général Raoult, puis au grand état-major.

Vous savez aussi que l'intendance laissant mourir de faim vos soldats, vous m'avez demandé de faire fabriquer du pain, et je vous ai produit un marchand de Reichshoffen, nommé Lévy, qui a fourni les farines.

Voilà deux fois que ce marchand, muni de mes pièces et des siennes, va à Besançon pour être payé ; et malgré la bonne volonté de M. Brissac, intendant, il ne peut obtenir un sou, ni pour lui ni pour moi. On se retranche derrière des formalités.

Est-ce que nous avons demandé des formalités quand on est venu nous dire : *Les soldats meurent de faim, nourrissez-les ?*

Nous aurions donné nos chemises, et nous pensions que les paroles d'un général de division et les bons tous signés, devaient suffirent à l'exigence d'intendants.

Ce refus de faire honneur à la signature des officiers fait le plus mauvais effet dans un pays comme celui-ci, et si l'armée française revenait, chacun refuserait de rien lui donner sans argent comptant, sauf votre serviteur, qui n'en est plus à compter ses pertes matérielles, et qui est à demi ruiné.

Veuillez, mon général, croire à mes sentiments les plus affectueux et les plus dévoués.

Comte DE LEUSSE.

(*Lettre citée par M. le général Ducrot.*)

*
* *

Le général Douay éprouva une grande déception en arrivant à Belfort : ses troupes n'avaient, pour la plupart, ni tentes, ni marmites, ni ceintures de flanelle, ni cantines médicales ou vétérinaires, ni médicaments, ni forges, ni entraves à chevaux : — elles étaient sans infirmiers, sans ouvriers d'administration, sans train. — Quant aux magasins, ils étaient vides.

Et, cependant l'aide-major général, répondant aux secrètes anxiétés du général, l'avait assuré, le 27 juillet, dans la gare de l'Est, que « les magasins de la place de Belfort étaient abondamment pourvus! »

(*Bibesco. Belfort. Reims. Sedan.*)

*
* *

On venait de constater qu'il manquait 30,000 pièces de rechange indispensables au service du fusil, modèle 1866. Il fallut envoyer, en toute hâte, à Paris M. Caro, capitaine d'artillerie, pour prendre d'urgence les ordres du ministre de la guerre. « En dépouillant les magasins, en vidant tous les ateliers de Paris et de la banlieue, écrit le capitaine Caro, dans une intéressante brochure qu'il a publiée, on put, au bout de la journée, réunir 5,500 aiguilles et 12,000 obturateurs qu'on livra avec désespoir; c'était le départ de 5 bataillons de marche qui était retardé de huit jours, faute d'armement. »

(*Bibesco. Belfort. Reims. Sedan.*)

« Quand vous connaîtrez nos points faibles, il vous sera moins difficile de les renforcer.

« Dès mon arrivée à Strasbourg, il y a environ douze jours, j'ai été frappé de l'insuffisance de l'administration et de l'*artillerie*.

« Vous aurez peine à croire qu'à Strasbourg, dans ce grand arsenal de l'Est, il a été impossible de trouver des *aiguilles*, des *rondelles* et des *têtes mobiles* pour nos fusils !

« La première chose que nous disaient les commandants de batteries de mitrailleuses, c'est qu'il faudrait *ménager les munitions, parce qu'il n'y en avait pas !*

« En effet, à la bataille du 7, les batteries de mitrailleuses et d'autres aussi, ont quitté le champ de bataille, pendant longtemps, pour aller chercher de nouvelles provisions au parc de réserve, lequel était lui-même assez pauvre, dit-on.

« Le 6, l'ordre ayant été donné de faire sauter un pont, il ne s'est pas trouvé de poudre de mine dans tout le corps d'armée, ni au génie, ni à l'artillerie !

(*Lettre d'un officier général citée dans l'ouvrage du général de Palikao.*)

***

« En débouchant dans la cour de la citadelle, le général Ducrot vit le général Dejean. Il alla à lui, et tous deux firent le tour des remparts, pour voir s'il y avait possibilité de tenter un semblant de résistance.

« Cette place de Sedan, qui avait bien son importance stratégique, puisque, se reliant à Paris par Mézières et l'embranchement d'Hirson, elle était l'unique moyen de ravitaillement d'une armée opérant par le Nord sur Metz, était à peine à l'abri d'un coup de main ; ni vivres, ni munitions, ni approvisionnements d'aucune sorte. Quelques pièces avaient 30 coups à tirer, d'autres 6 ; mais la plupart manquaient d'écouvillons. »

(*Général Ducrot, La journée de Sedan.*)

***

« L'armement des places est peu satisfaisant, il a été réduit, pendant la guerre, par la perte de plus de 1,600 bouches à feu en bronze, et *cependant il était déjà très-insuffisant avant le commencement des hostilités*. La plupart des forteresses que nous avons visitées n'avaient, en 1870, qu'un nombre de bouches à feu de beaucoup inférieur au chiffre fixé pour l'armement de défense; dans l'Est, la place des Rousses, le fort le plus vaste de France, possédait à peine son armement de sûreté réglementaire; le fort de l'Ecluse renfermait 24 pièces de canons et 3 mortiers ; en réalité, il n'y avait dans ce matériel qu'une seule pièce de canon pouvant lutter avec efficacité contre l'artillerie ennemie ; en outre, la vétusté des affûts ne leur eût pas permis de supporter le tir; la place de Salins était en partie armée avec des canons de 16 à âme lisse dont la portée n'est plus suffisante aujourd'hui ; le fort de Joux, qui a protégé la retraite de nos soldats, lors de l'entrée en Suisse, ne possédait que 10 pièces de canon, au lieu de 18 exigées par les règlements ; pour améliorer la défense, l'armée de l'Est dut y introduire 6 pièces rayées de 12 ; dans le Nord, à Givet, l'armement n'était pas plus imposant: les affûts, destinés à prendre place sur les remparts, étaient rongés par l'action du temps, et le commandant de la place ne crut ni utile, ni prudent de les faire sortir des magasins.

« Au défaut des bouches à feu, s'ajoutait la pénurie de munitions; à l'arsenal d'Auxonne, la commission a rencontré des projectiles improvisés par l'artillerie de la place, à l'époque où l'on pouvait craindre une attaque, et destinés à remplacer les obus à balles qui manquaient. Quant à l'approvisionnement de poudres, il était de moitié du chiffre réglementaire.

« Enfin, nos côtes peuvent être considérées comme à peu près dégarnies ; les pièces qui sont espacées sur le littoral de la Manche, de l'Océan et de la Méditerranée, ne constituent guère qu'un approvisionnement de fonte qui pourrait être utilisé, à ce titre, par l'administration, ou vendu à l'industrie. »

(*Rapport de M. Riant.*)

*
* *

« Lorsqu'on eut déclaré la guerre à la Prusse, aucune des villes voisines de la frontière allemande ne possédait l'armement convenable, surtout en fait d'affûts. Les pièces rayées, les canons nouveaux y étaient rares ; il en était de même pour les munitions et les vivres, les médicaments, les approvisionnements de toutes sortes. »

(*Lieutenant-colonel Prévost. Les forteresses françaises pendant la guerre de* 1870.)

*
* *

Je déclare que, lors de notre nomination au ministère, la défense de Paris n'était pas commencée ; l'on était tellement confiant dans le succès que l'on n'avait pas cru nécessaire de mettre Paris en état de défense contre l'invasion. Depuis la déclaration de guerre jusqu'au 7 août, les procès-verbaux du comité des fortifications constatent qu'on n'avait rien fait dans ce sens, et qu'on n'avait pris dans les forts aucune disposition d'armement ; les premiers officiers du génie et les premiers ingénieurs n'ont été envoyés dans les forts qu'à partir du 7 août. Par conséquent, depuis le jour de la déclaration de guerre, c'est-à-dire depuis le 18 juillet jusqu'au 7 août, les forts de Paris n'avaient pas appelé l'attention du pouvoir exécutif. Si on n'avait pas perdu de la sorte trois semaines, on aurait pu donner à la résistance et à la défense de Paris une force qui leur a manqué plus tard, ou du moins, on aurait pu arrêter les progrès de l'ennemi plus longtemps !

Quelques jours se passèrent, et les rapports signalèrent toujours le manque de projectiles de 24. Les commandants des forts disaient : Si nous n'avons pas d'autres projectiles que ceux que nous avons, l'élément de résistance le plus sérieux fera défaut.

Nous fîmes revenir au comité de défense le directeur de l'artillerie, et nous lui dîmes : « Voyons, avez-vous fait tout ce que vous pouviez faire ? Nous manquons de projectiles de 24. » Et le directeur nous répondait : « Oui, j'ai fait toutes les commandes ; seulement, il sera difficile d'en avoir un approvisionnement suffisant ; c'est un des points qui m'inquiètent. »

J'étais au comité de défense à côté de M. de Talhouët, mon excellent collègue ; je l'entendis murmurer : « Cependant, on aurait pu en commander à telle usine. » M. de Talhouët commanditait une usine aux environs du Mans, dont l'outillage permettait de fabriquer ces projectiles. Je saisis l'observation, et je la répétai tout haut. J'étais très-préoccupé en rentrant chez moi au ministère. J'écrivi s une lettre à l'industriel, qui est le premier industriel de France pour la fabrication des projectiles, et surtout des projectiles de 24, M. Vorus, mon ancien collègue et ami. Je lui disais: « Avez-vous des commandes de projectiles de 24 ? Voilà ce qui se passe : nous en manquons grandement. Je suis très-perplexe. On dit qu'ils sont commandés : travaillez-vous jour et nuit ? » M. Vorus me répondit par le télégraphe : « Pas de commande de projectiles de 24 »; et puis, il me répond également par une lettre particulière : « Je n'ai reçu aucune commande des projectiles dont vous me parlez. Je pourrais faire travailler mon usine jour et nuit à en fabriquer, mais on ne m'en a pas dit un mot. Donnez des ordres, et je me mettrai au travail.» Et alors, comme ministre des travaux publics, je lui dis : « Faites-en jour et nuit ; je vous ouvre un crédit illimité sur mon ministère. Je demanderai l'autorisation au comité de défense. »

Voilà, messieurs, où en était le désordre. Les projectiles de 24 n'étaient pas commandés: c'était le 23 ou 24 août, et cela dans une usine aussi importante que celle de M. Vorus ! M. Vorus a mes lettres ; on avait perdu plus de trois semaines pour la fabrication des projectiles les plus nécessaires à la défense de Paris!

(*Déposition de M. Jérôme David.*)

*
* *

Dès mon entrée au ministère, ma première pensée fut de me rendre un compte exact de l'état où se trouvaient les fortifications de Paris. J'allai visiter, le lendemain, les remparts et les différents forts qui l'entourent.

Les forts contenaient tout simplement un vieux commandant et un portier-consigne : dans les forts et sur les fortications, pas une pièce de canon n'était en place : ni munitions, ni gargousses, ni vivres, ni défenseurs ; partout, c'était le silence, le désert ; *et l'ennemi était à huit journées de marche de Paris !*

(*Déposition de M. J. Brame.*)

*
* *

En effet, si, à Strasbourg, place de premier ordre, sentinelle avancée de la France sur le Rhin, les fortifications sont en bon état, si l'armement de sûreté est en place sur les remparts, d'un autre côté, l'armement de défense est encore dans les arsenaux ; le logement des poudres est mal assuré : 60,000 kilogr.

se trouvent réunis dans les bâtiments de la citadelle non voûtés à l'épreuve de la bombe, à 2,500 mètres seulement de Kehl ! et 12,000 kilogrammes de l'approvisionnement de la place sont emmagasinés à Neuf-Brisach. C'est à peine s'il existe des abris voûtés pour la garnison, et il en manque absolument pour les vivres.

Cette pénurie de toutes choses essentielles s'étend aux approvisionnements de bois de blindage; ils sont presque nuls.

Reste une question capitale qui crée un péril imminent : les environs immédiats de la ville étant couverts d'arbres et de constructions, il va falloir, pour abattre les uns et les autres, beaucoup de temps et beaucoup de bras.

Ce temps, l'ennemi nous le donnera-t-il ? Et les bras, où les prendre ?

Schlestadt est-elle mieux défendue? qu'on en juge: les terrassements de la fortification sont en mauvais état ; il n'y a sur les remparts ni armement de défense ni armement de sûreté. Le logement des poudres est mal assuré, et l'on ne peut y remédier que difficilement ; il n'existe dans la place que les deux tiers de l'approvisionnement normal de poudre à canon et fort peu de cartouches. Les abris voûtés pour les hommes et les vivres font défaut. Il n'y a pas de bois de blindage.

Neuf-Brisach fait exception : le logement des poudres, de la garnison et des vivres y est parfaitement assuré. Encore, ses fortifications n'ont-elles pas assez d'épaisseur et le corps de la place n'a-t-il pas de traverses.

Ajoutons à ces détails que ces places sont dégarnies de troupes, et qu'elles manquent de vivres.

(*Bibesco, Belfort. Reims. Sedan.*)

CHAPITRE VIII.

LA MOBILISATION.

Dans de telles conditions, la mobilisation de l'armée française ne pouvait s'opérer heureusement. En voici le lugubre récit, d'après des témoins dont on ne saurait récuser l'autorité.

*
* *

« Dans les magasins, pas de bidons, gamelles ou « marmites ; pas de cantines d'ambulance, ni de bâts ; « pas d'ambulance enfin, ni pour les divisions, ni « pour les corps d'armée. — Jusqu'au 7 (août), il « était presque impossible de se procurer un cacolet « pour transporter un blessé ; le 7, des milliers de « blessés sont restés entre les mains de l'ennemi, rien « n'étant préparé pour les transporter.

« Depuis mon arrivée à Strasbourg, je n'ai jamais « vu un jour de distribution régulière pour les hom-

« mes et pour les chevaux. Depuis le 7, on manque
« absolument de tout, ce qui fait que notre retraite
« ressemble à une vraie déroute.

(Lettre citée par le général Palikao.)

***

« Il y avait des régiments qui n'avaient point de couvertures de campagne ; les officiers de zouaves étaient venus avec les mulets de cacolets pour les cantines, on les leur enleva et ils durent, quarante-huit heures avant de marcher à l'ennemi, acheter dans le pays des chevaux et voitures pour porter les bagages réglementaires et réguliers.

« Certains corps n'avaient point d'aiguilles de rechange pour leurs fusils, à d'autres il manquait des caoutchoucs obturateurs de réserve.

« Les réserves n'étaient point arrivées complétement, et celles qui étaient là n'avaient jamais vu un chassepot, quatre jours avant d'aller au feu.

« Les deux batteries d'artillerie, celle de mitrailleuses et une ou deux de réserve qui se trouvaient là, n'avaient pas un seul vétérinaire, et personne pour leur donner des fourrages ; personne ne savait se servir de ces mitrailleuses, sauf un seul officier. On tira quelques coups à blanc l'avant-veille du départ, pour voir comment se manœuvraient ces machines-là.

« Je n'en finirais pas si je voulais dire tout ce que j'ai vu et entendu, pendant ces premiers jours ; je commençais à être inquiet, et je demandai au général si les autres divisions étaient dans le même état : « *C'est encore pis, me répond-il.* »

(*Déposition du général Ducrot devant la commission des marchés.*)

***

Les sous-intendants démissionnaires n'avaient à leur disposition que deux ou trois officiers comptables à pied et quelques sous-officiers et soldats d'administration. Ils suivaient péniblement nos colonnes avec leurs convois. Arrivés au bivouac, quelquefois fort tard, leur tâche commençait ; ils n'avaient ni la possibilité, ni le temps de requérir les vivres des villages environnants, de profiter des ressources qui se trouvaient sur le pays. Placés entre les réclamations des corvées qui venaient chercher leurs vivres, et les retards continuels des convois du corps d'armée, ils ne pouvaient être que des distributeurs. Combien de fois n'avons-nous pas vu des corvées qui montaient quelquefois au quart de l'effectif de nos régiments, aller chercher leurs vivres à trois kilomètres en arrière, aux magasins de l'administration, et en revenir les mains vides, l'envoi sur lequel comptait le sous-intendant n'ayant pu s'effectuer. Nos pauvres soldats étaient obligés de retourner une seconde fois ; le bivouac, au lieu de repos, était une nouvelle cause de fatigue ajoutée à tant d'autres ; bien des nuits se sont passées à ces allées et venues. LE SOLDAT, ne pouvant comprendre les difficultés d'approvisionnement, se jetait dans des récriminations sans fin, ALLAIT MENDIER DANS LES FERMES DES ENVIRONS, et devenait indiscipliné et maraudeur, de bon et brave soldat qu'il eût été dans de meilleures conditions.

(*Déposition du général Davout devant la commission des marchés.*)

***

« Dans la guerre de 1870, certains hommes appartenant aux régiments de zouaves, placés dans la réserve dans les départements du Nord, ont dû traverser toute la France, pour aller s'embarquer à Marseille, se faire armer et équiper à Coléah, à Oran, à Philippeville, et revenir combattre au même point d'où ils étaient partis. Ils avaient fait inutilement 2,000 kilomètres de chemin de fer, deux traversées, de deux jours au moins chacune. Ceux d'entre eux qui ont pu arriver à temps se présentaient dans les conditions suivantes : un détachement de 500 hommes, destinés au 1er zouaves, arrivait à Marseille le 15 août, sans savoir où rejoindre son régiment, que les événements de guerre avaient déplacé, et qui partait du camp de Châlons le 21 août, laissant à peine le temps de rejoindre. — 300 hommes, destinés au 3e zouaves, se trouvaient à Mézières, le matin du 31 août; ils sont arrivés dans la journée à Sedan ; il est douteux qu'ils aient pu rejoindre leur corps, et lui donner une force nouvelle. Ces détachements n'avaient qu'un seul officier pour les diriger ; ils n'étaient pas même en état de se défendre et ne pouvaient être utilisés que dans leurs corps. »

(*Général Vinoy, l'Armée française.*)

***

Pendant que leurs camarades combattaient au mois d'août, plusieurs milliers de soldats encombraient les rues de Marseille et de Toulon, en uniformes débraillés, sans armes ni organisation, en un mot absolument inutiles.

L'encombrement n'était pas encore absolument dissipé à la fin de septembre.

(*Général Vinoy.*)

***

La cavalerie a été formée de cinq ou six manières différentes, depuis le 15 juillet jusqu'au 15 août. Vous verrez dans le tableau de l'armée du Rhin, tantôt un corps de cavalerie qui n'a jamais existé, tantôt des divisions, tantôt des régiments de cavalerie adjoints à des divisions d'infanterie. J'ai désigné un intendant militaire pour un corps de cavalerie, c'est le baron Schmitz ; il n'a jamais pu retrouver son corps, attendu qu'il n'a jamais existé.

Les changements d'organisation étaient permanents. La grosse affaire, en 1870, c'est que les projets ont varié tous les jours. Je vous en donnerai la preuve sous d'autres rapports. Je vous dirai même qu'il est arrivé que les projets ont changé plusieurs fois dans une journée. Et, puisque je suis entraîné, si vous le permettez, je vous donnerai lecture d'une dépêche télégraphique qui ne rentre pas dans la question dont j'ai à vous parler en ce moment, mais qui fait ressortir cette incertitude et cette mobilité de la direction de la manière la plus nette. Il est question des approvisionnements de Metz.

Dépêche telégraphique.

Le ministre de la guerre à M. l'intendant en chef, à Metz.

Paris, 8 août 1870.

Votre dépêche d'hier 9 h. 30 m. du matin, demande d'urgence des farines sur Metz ; celle de 5 h. 30 m. du soir, dit de cesser tout envoi, et, enfin, une troisième, de 10 h. 12 m. demande 2,200 quintaux de diverses denrées. Ces alternatives se succédant à de courts intervalles me mettent dans le plus grand embarras ; quoi qu'il en soit, je ne fais plus rien expédier de Paris sur Metz.

(*Déposition de M. l'intendant général Blondeau.*)

***

Les Compagnies (de chemins de fer) françaises s'attendaient à trouver, pour chaque train, les effectifs qui leur avaient été indiqués en 1869. Grande fut leur surprise de ne voir arriver que des effectifs incomplets, ainsi que le prouve l'extrait suivant des transports d'une journée:

(Nous supprimons à dessein les numéros des régiments.)

État-major et 3 bataillons. Du régiment	d'infanterie.	Officiers.	Hommes.	Chevaux.
—	—	45	950	9
—	—	22	550	3
—	—	65	1,450	11
—	—	64	1,600	11
—	—	65	1,400	9
—	—	65	1,350	11
—	—	62	1,420	8
—	—	65	1,600	11
—	—	65	1,500	11
—	—	60	1,500	7

Entre le régiment le plus nombreux et l'effectif normal, il y avait une différence en moins de:

5 officiers,
1,290 hommes,
28 chevaux,
3 voitures.

Au point de vue des chemins de fer, cet état de choses était déjà extrêmement regrettable.

Il fallait, ou partir avec des charges incomplètes, ou mélanger les soldats de deux corps, ce qui présentait les plus grands inconvénients, quel que fût d'ailleurs le parti auquel on s'arrêtât.

Mais, au point de vue militaire, la chose était bien plus grave : il fallait compléter les régiments, et, en langage d'intendance, officiers, chevaux et bagages rejoignaient ou tentaient de rejoindre.

Dès le troisième ou le quatrième jour, nos gares et toutes les gares du réseau français ont été successivement encombrées de soldats isolés, appartenant à tous les régiments de l'armée, groupés par les intendants sous les ordres de quelques sous-officiers. Ces derniers, sans autorité sur les détachements d'hommes inconnus qui leur étaient confiés, partaient, en laissant tout le long du chemin, une partie de leurs hommes plus ou moins égarés.

Les soldats isolés ont constitué de suite un masse flottante, errant sur les chemins, vivant dans les buffets improvisés dans les gares, par les soins et aux frais de personnes bienveillantes, et ne retrouvant jamais leurs corps.

A la fin du mois d'août, la gare de Reims a eu à défendre ses wagons contre les tentatives de pillage faites par une bande de quatre à cinq mille de ces hommes, fléau des armées et de leur pays, et qui après avoir, de bonne foi, cherché leurs régiments, s'étaient facilement habitués à l'idée de ne pas les retrouver.

(*Jacqmin, Les chemins de fer pendant la guerre*.)

Lorsque les premiers trains d'infanterie arrivèrent à Metz, aucun ordre n'était donné, pour leur lieu de destination, et la troupe dut attendre plusieurs heures à la gare. Les hommes mettaient pied à terre ; mais les quatre ou cinq wagons chargés des voitures règlementaires et des bagages des officiers n'étaient pas déchargés. Les trains se succédaient avec la rapidité que nous avons fait connaître. Il fallait les garer, bien que chacun d'eux contînt quatre ou cinq wagons non déchargés, et ces mouvements donnaient lieu aux plus vives récriminations, de la part des hommes préposés aux bagages, qui avaient la prétention de laisser leurs wagons immobiles.

La cavalerie, l'artillerie, ne furent pas mieux partagées. Souvent, les régiments restèrent quatre ou cinq heures en gare, encombrant les cours et les abords de la gare.

Vinrent ensuite les trains de matériel et de vivres, et on se heurta de suite à une immense difficulté. Il y avait à Metz deux groupes d'intendance : l'intendance territoriale et l'intendance divisionnaire, ou plutôt les intendances divisionnaires qui arrivaient avec les corps d'armée.

Cette première division du service était faible. L'intendance territoriale, chargée, en temps ordinaire, du service général, *n'avait reçu aucune instruction pour la réception des vivres qui avaient Metz pour destination ;* elle ne pouvait donc répondre aux demandes que la gare ne cessait de lui adresser. C'étaient les intendances divisionnaires qui devaient disposer de ces marchandises ; mais celles-ci, à leur tour, ne sachant pas si les corps s'arrêteraient à Metz, ou iraient plus loin, n'osaient pas faire décharger les wagons.

La plus grande confusion ne tarda pas à régner dans la gare. Les agents de la compagnie passaient leur temps à faire, plusieurs fois par jour, les relevés des arrivages qu'on transmettait aux bureaux de l'intendance en ville, à l'artillerie, au génie, à l'arsenal, et chacun désignait ce qui répondait aux besoins du moment, besoins qui variaient à chaque instant. Il fallait livrer, et cela tout de suite, du café à l'un, du riz à l'autre, des farines à un troisième, etc.

Souvent, les camions de la compagnie portèrent à de très-grandes distances de la gare des marchandises qui, mises à terre, étaient rechargées et reconduites à la gare, pour être réexpédiées par chemin de fer à une gare au delà.

On déchargeait en gare du foin, pour le conduire aux magasins de la ville, et, à la même heure, les mêmes magasins envoyaient du foin en gare, pour faire des expéditions.

(*Jacqmin, Les chemins de fer pendant la guerre.*)

***

M. L'INTENDANT GÉNÉRAL WOLF. — J'ai été pris complétement à l'improviste.

Le 15 ou le 16 août, étant aux bains de mer, je reçus avis de me rendre à Paris, pour recevoir les ordres du ministre. J'arrivai le 17. Le ministre me dit qu'il m'avait fait désigner par Sa Majesté, pour être intendant en chef de l'armée du Rhin, que je devais me rendre à Metz, pour me mettre à la disposition du maréchal Bazaine qui commanderait jusqu'à ce que l'empereur se rendît à l'armée. Je suis parti le lendemain, et aussitôt arrivé à Metz, ayant eu à peine le temps de prendre connaissance de la composition du personnel, je demandai au maréchal Bazaine quels ordres il avait à me donner. Il me dit de faire pour le mieux. Par conséquent, à ce moment-là, je n'avais été mis à même d'étudier ni le terrain, ni les ressources, ni le personnel du service que j'étais appelé à diriger.....

X... —Ce qui m'a surtout empêché de prendre des mesures, c'est l'absence d'ordres, de projet. Pas plus à Metz qu'à Paris, je n'ai jamais su au juste ce qu'on voulait faire. J'ai ignoré les faits, la direction imprimée par le commandement, j'étais livré complétement à moi-même.

Je n'avais aucune confiance dans le succès de la campagne, et je n'ai eu d'autre préoccupation que de réunir à Metz le plus de vivres possible ; afin de ne pas épuiser dans notre rayon d'action autour de nous, je faisais exploiter ce qui était éloigné. Il m'a fallu résister à beaucoup de plaintes relatives à l'encombrement des gares, à l'insuffisance des moyens de transports, des magasins, etc., toutes difficultés inhérentes à un grand mouvement comme celui-là. Je n'ai rien écouté, j'ai toujours fait venir. Par le fait, mon inspiration a été heureuse, puisque l'armée assiégée ou bloquée à Metz a pu vivre jusqu'au 29 octobre. Si nous avions passé la frontière, Metz nous eût servi de magasin de réserve, on en eût tiré nos approvisionnements, et je n'aurais pas eu à regretter mon inspiration ou mon imprudence.

Il régnait une incertitude perpétuelle qui nous paralysait.

Dans les premiers jours, on parlait de passer la frontière, et d'envahir les provinces rhénanes; plus tard, on devait marcher sur Nancy, puis sur Châlons, mais tous ces projets étaient plus vite abandonnés que conçus; on s'agitait sur place, l'on s'usait, en combinaisons stériles.

M. le Président. — Aviez-vous le personnel réglementaire?

M. l'intendant général Wolf.—Non. Ce manque de personnel se serait révélé dans le cours de la campagne; si elle avait continué, il est certain qu'il aurait fallu compléter mon service.

(*Commission des marchés.*)

***

Le général, ennuyé de l'immense quantité d'hommes qui affluaient à Marseille, les a envoyés à Toulon pour être embarqués sur les navires de guerre et n'a pas donné à Toulon l'avis de les retenir, comme il avait été donné à Marseille. Il en est résulté que tous nos infirmiers et tous nos ouvriers d'administration ont été, à la date du 20 au 25 juillet, embarqués pour l'Algérie, de telle sorte que, quand on voit l'armée se plaindre de n'avoir ni infirmiers, ni ouvriers d'administration, on conçoit que cela n'ait rien d'extraordinaire.

(Commission des marchés. Déposition de M. l'intendant général Blanchard.)

***

M. de Séganville qui était intendant du maréchal de Mac-Mahon, était dans une véritable exaspération, à cause du dénûment dans lequel on le laissait. Il n'avait de personnel ni pour les subsistances, ni pour les hôpitaux; il n'avait pas d'infirmiers, et manquait presque de tout. Je lui ai donné, en fait d'infirmiers, et en fait d'ouvriers de subsistances, presque tout ce que j'avais. — Je me suis dépouillé, en me disant que je me trouvais dans une ville qui m'offrait des ressources. Mais enfin, il est parti, n'ayant véritablement rien à sa disposition. Il a envoyé des dépêches qui ont été rendues publiques, et qui portent sa signature.

M. le Président. — C'est à celles-là que je faisais allusion.

M. l'intendant de La Valette. — Et pour donner une idée du désespoir dans lequel il était, lorsque nous nous sommes séparés, lui allant en avant, avec le maréchal de Mac-Mahon, et moi restant à Strasbourg, car dès le principe, il avait été décidé que les intendants de Metz et de Strasbourg, ne bougeraient pas, je lui dis : « J'aime mieux votre lot que le mien, vous verrez la guerre, et moi je reste ici, supportant l'effet de toutes les troupes qui passent » Il me répondit : « Eh bien, je pars navré parce qu'avec les conditions qui me sont faites, j'assume une responsabilité énorme, et que je cours risque de voir se ternir une carrière qui jusqu'ici a été parfaitement ordonnée. » Je vous raconte ceci pour vous bien montrer quelle est la situation qu'on nous faisait.

(*Commission des marchés. Déposition de M. l'intendant de La Valette.*)

CHAPITRE IX.

LES EFFECTIFS.

« Nous pouvons affirmer, sans crainte d'être démentis, que la France ne possède pas les 400,000 hommes présents sous les armes, jugés indispensables à la sécurité intérieure et extérieure (l'auteur de l'article aurait pu ajouter : *et portés au budget*). Nous n'en voulons d'autre preuve que le chiffre des votants de l'armée, qui n'a guère dépassé 310,000 hommes, et personne n'admettra un chiffre de 90,000 abstentionnistes militaires. Il est de plus nécessaire d'observer que le 8 mai, tous les semestriers sont rentrés, et qu'à cette époque de l'année l'effectif est à son maximum. »

(*Constitutionnel*, 25 *mars* 1870.)

***

« Le résultat de cet acte politique, si dangereux pour l'esprit des soldats, dont la discipline en a été atteinte, a eu le grave inconvénient de faire ressortir aux yeux des puissances étrangères que le chiffre total des hommes présents sous les armes n'était que de 250,000. »

(*Le général de Palikao, Un ministère de 24 jours.*)

***

M. LE COMTE DARU. — Quel était l'effectif de l'armée du Rhin?

M. LE MARÉCHAL LE BOEUF. — 243,171 hommes le 1er août, d'après les situations parvenues au grand quartier général. Mais, l'effectif réel était supérieur, car des corps étaient en retard pour l'envoi de leurs situations et la transmission des situations pour les corps d'Alsace exigeaient généralement de 24 à 48 heures.

M. LE COMTE DARU. — Dans ces 243,000 hommes, comprenez-vous le corps de Mac-Mahon?

M. LE MARÉCHAL LE BOEUF. — JE COMPRENDS TOUT, LE CORPS DE MAC-MAHON, LE 7e CORPS (l'armée d'Algérie) ET LA GARDE... D'après les chiffres portés au tableau de l'effectif général des forces de l'armée de terre qui s'établit mensuellement au ministère de la guerre, il avait été dirigé, au 1er août 1870, 278,882 hommes sur l'armée du Rhin et l'effectif moyen des régiments d'infanterie était *de* 1,901 *baïonnettes*. — Du 1er au

14 août 1870, il a été dirigé d'assez nombreux détachements sur l'armée du Rhin. Mais, d'autre part, les corps ont éprouvé des pertes dans les engagements qui ont eu lieu.

Je n'ai pu trouver au ministère des renseignements plus précis que ceux que je viens de vous donner.

M. LE COMTE DARU. — Le 15 août, quand les réserves ont été incorporées, quel était l'effectif de l'armée?

M. LE MARÉCHAL LE BOEUF. — Je n'ai pas le chiffre exact. On m'a cité au ministère de la guerre un chiffre de 290,000 hommes. Ce n'est donc pas tout à fait 300,000 hommes. Mais on n'a pas le chiffre d'une manière précise. A partir du 15 août, les arrivages ont été retardés, la gare de Frouard ayant été prise le 12.

(*Commission d'enquête sur les actes du gouvernement de la Défense nationale. Déposition du maréchal Le Bœuf.*)

***

Tableau d'effectif des troupes de l'armée du Rhin au 1er août 1870.

1er corps	41,156	hommes.
2e —	26,084	—
3e —	37,723	—
4e —	28,591	—
5e —	25,073	—
6e —	35,414	—
7e —	20,341	—

Garde impériale................	21,587	hommes.
Réserve de cavalerie..........	5,617	—
Réserve de l'artillerie..........	1,054	—
Réserve du génie.....	312	—
Services administratifs (quartier général)........	209	—
Total	243,171	hommes.

(D'après le grand état-major général.)

***

Troupes transportées par le chemin de fer jusqu'au 7 septembre 1870.

DÉSIGNATION.	EFFECTIFS ANNONCÉS			
	en officiers.	en soldats.	en chevaux.	en voitures ou canons.
Infanterie	2,771	103,862	1,315	»
Cavalerie	903	23,267	17,663	»
Artillerie.................	206	31,381	29,447	490
Génie.....................	125	6,536	1,130	111
Train des équipages.....	29	2,308	2,910	473
Ouvriers d'administration	2	250	»	»
Ouvriers conducteurs...	8	224	32	8
Gendarmerie	»	14	8	»
Matériel de télégraphie..	»	»	»	32
TOTAUX.........	4,044	257,842	52,505	1,114
	261,886			

(D'après les états officiels fournis par la compagnie de l'Est.)

« J'étais à Marseille, occupé à faire l'inspection des corps de troupes. Le 17 juillet 1870, j'ai reçu ma nomination qui m'attachait au troisième corps. Je dois vous avouer que je fus inquiet de la situation qui m'était faite, parce que je savais parfaitement, par l'inspection que je venais de passer, *que nous n'avions que* 50 *à* 65 *hommes par compagnie, ce qui représentait un effectif de* 1,200 *à* 1,300 *hommes par régiment.* »

(*Commission des marchés. Déposition de M. l'intendant général Friant.*)

***

« D'après les ordres du ministre de la guerre, les premières troupes du corps d'armée quittèrent le camp de Châlons le 16 juillet, par les voies de fer, hommes, chevaux et matériel, et furent dirigées sur Saint-Avold. Il s'en fallait de beaucoup que nos effectifs fussent des effectifs de guerre ; *chaque régiment d'infanterie ne comptait pas plus de* 1,350 *hommes* en moyenne ; mais ils se grossirent peu à peu par l'arrivée successive de détachements plus ou moins nombreux, *venant de la réserve.* »

(*Général Frossard, Rapport officiel sur les opérations du 2e corps de l'armée du Rhin.*)

***

M. LE GÉNÉRAL CHARETON. — En 1870, il s'est trouvé une commission des finances demandant une réduction sur l'effectif de l'armée, et un ministre pour la consentir...

M. LE MARQUIS D'ANDELARRE. — *C'est le gouvernement qui l'a proposée. La commission l'a refusée.*

M. LE GÉNÉRAL CHARETON, *rapporteur*. — La commission avait demandé une réduction de 10,000 hommes sur le contingent.

M. LE MARQUIS D'ANDELARRE. — *C'est une erreur : ce n'est pas la commission qui avait proposé la réduction du contingent à* 90,000, *c'est le* GOUVERNEMENT.

La commission, dont j'avais l'honneur d'être le rapporteur, ne voulait pas y consentir. J'ai été six semaines à me refuser à faire mon rapport ; j'y ai consenti sur l'insistence du gouvernement, mais en me réservant de donner dans mon rapport toutes les raisons contre, tout en concluant pour. On peut le retrouver dans mon rapport sur l'appel de la classe de 1869.

(*Journal officiel. Discussion à l'Assemblée nationale de la loi sur l'organisation de l'armée.*)

***

L'effectif total atteignait à peine, au commencement, 200,000 hommes. Plus tard, après l'arrivée des contingents divers, *il put s'élever à* 250,000 HOMMES, MAIS NE DÉPASSA JAMAIS CE CHIFFRE.

L'organisation matérielle était incomplète.

Les *commandants de corps d'armée n'avaient encore connaissance d'aucun plan de campagne. Nous savions seulement que nous allions nous trouver en présence de forces allemandes* D'ENVIRON 550,000 HOMMES, POUVANT EN TRÈS-PEU DE TEMPS ÊTRE PORTÉES AU DOUBLE DE CE NOMBRE.

(*Général Frossard, Rapport officiel.*)

Ainsi :

1° Les régiments comptaient, en 1870, 1,350 hommes, au lieu de 1,872 que fixait et *payait* le budget.

2° L'armée du Rhin était forte de 243,000 hommes. Elle n'a jamais dépassé 250,000 d'après le général Frossard.

3° Les généraux n'avaient aucune connaissance d'un plan de campagne quelconque.

4° Ils savaient seulement que l'armée française — forte de 250,000 hommes au maximum — allait avoir affaire à 550,000 ennemis « pouvant en très-peu de temps être portés au double de ce nombre. »

5° C'est le gouvernement, au dire même du rapporteur de la loi de finances, qui a refusé en 1870 une augmentation d'effectifs proposée par la commission !

CHAPITRE X.

LA GUERRE APRÈS SEDAN.

Les partisans de l'empire reprochent au gouvernement de la Défense nationale de ne pas avoir traité, après Sedan, au prix de l'Alsace. S'appuyant sur des conversations plus ou moins sérieuses, ils affirment que l'Allemagne était prête à consentir à la paix, moyennant la cession de l'Alsace seule.

« M. de Bismarck, affirment-ils, l'a donné à entendre à M. Jules Favre. »

M. de Bismarck a donné beaucoup de choses à entendre, durant la guerre ; — on peut s'en informer auprès de M. Bazaine, comme auprès de M. le général Boyer.

Au-dessus des déclarations officieuses, de ces conversations plus ou moins authentiques, il y a les faits, les engagements pris par la Prusse vis-à-vis de ses alliés, il y a les circulaires officielles.

Sans commentaire aucun, nous publions ces pièces.

***

« *Dès le* 21 *août*, les parties allemandes de la Lorraine étaient distraites du gouvernement général de la Lorraine à Nancy, et rattachées au gouvernement général d'Alsace. A partir de cette époque, *ce dernier comprit donc toutes les parties, autrefois allemandes, du territoire français, qui, à la conclusion de la paix, devaient faire définitivement retour à l'Allemagne.* »

(*Bœrbstœdt, ouvrage semi-officiel allemand.*)

***

« ... Le comte de Bismarck venant ensuite à parler de la paix, me dit que la Prusse avait l'intention bien arrêtée d'exiger, non-seulement une indemnité de guerre de quatre milliards, mais encore la cession de l'Alsace et de la Lorraine allemande, « seule garantie « pour nous, ajouta-t-il, car la France nous menace « sans cesse, et il faut que nous ayons, comme pro- « tection solide, une bonne ligne stratégique avan- « cée. »

« Je répondis qu'on obtiendrait, sans doute, les milliards, mais qu'on ne céderait point une portion de territoire sans une lutte acharnée, et que si la France devait y succomber, et se voir forcée, pour obtenir la paix, d'abandonner l'Alsace et la Lorraine, cette paix ne serait qu'une trêve durant laquelle, de l'enfant au vieillard, on apprendrait le maniement des armes, pour recommencer, avant peu, une guerre terrible, dans laquelle l'un des deux peuples disparaîtrait comme nation de la carte de l'Europe.

« — La France, répliqua le ministre du roi Guillaume, ne nous a pas pardonné Sadowa. Quelles que soient les conditions de paix que nous lui accordions, elle ne nous pardonnera pas notre victoire sur elle-même. Elle voudra venger sa défaite, et c'est précisément parce que la lutte devra recommencer, que nous devons, dès aujourd'hui, prendre des garanties sérieuses contre vous, si nous voulons que nos succès portent des fruits durables. »

(*Général de Wimpfen, Sedan.*)

***

Un décret du 30 août «formait un nouveau département allemand de la Moselle, comprenant les arrondissements de Metz, Thionville et Sarreguemines, du département de la Moselle, et ceux de Château-Salins et de Sarrebourg, du département de la Meurthe. On peut voir, qu'à cette époque, l'intention de la Prusse était déjà de ne nous laisser que l'arrondissement de Briey, dans la Moselle, et ceux de Nancy, Toul et Lunéville, dans la Meurthe. On ne peut objecter qu'un pareil décret était rendu nécessaire pour l'administration des pays occupés, puisqu'on y avait déjà pourvu par la création, le 14 août, des deux gouvernements généraux d'Alsace et de Lorraine, confiés aux généraux de Bismarck, Bohlen et de Bonin.

(*Farcy, Guerre Franco-Allemande.*)

***

M. Callet. — M. de Chaudordy pense-t-il qu'au mois d'octobre et de novembre, quand on pouvait prévoir la fin de nos désastres, le sacrifice eût été moins grand qu'il ne l'a été, si, par l'intermédiaire de l'Angleterre, on eût laissé pressentir une cession territoriale, et si l'Europe se fût emparée de la négociation ?

M. de Chaudordy. — Je ne sais si la Prusse aurait accepté l'intervention de l'Europe. Après Sedan, la Prusse se considérait comme aussi victorieuse qu'à la fin du mois de janvier. L'armée ennemie croyait entrer dans notre capitale sans aucune difficulté. Il y a une dépêche de M. le comte de Bismarck, datée de Reims, du 13 septembre, et écrite lorsque le siége de Paris n'était pas encore commencé, qui montre quelles étaient déjà les prétentions de la Prusse. Il déclare parfaitement à ses agents diplomatiques qu'il faut à l'Allemagne les grandes forteresses qui sont les postes avancés de la France contre l'Allemagne. J'ai répondu par une longue dépêche où je prouvais que c'était au contraire l'Allemagne qui entrait chez nous, et je le démontrais historiquement. La dépêche de M. le comte de Bismarck semblait être un avertissement aux puissances de l'Europe. M. de Bismarck disait positivement, dans une autre dépêche datée de Meaux, le 16 septembre, qu'il fallait à l'Allemagne Strasbourg et Metz.

(*Commission d'enquête sur les actes du gouvernement de la Défense nationale. Déposition de M. de Chaudordy.*)

***

Les conditions sur lesquelles les gouvernements confédérés seraient prêts à faire la paix ONT ÉTÉ DISCUTÉES PUBLIQUEMENT. Elles doivent être en proportion avec la grandeur des sacrifices que cette guerre, entreprise sans aucun motif et avec le consentement de toute la nation française, a imposés à notre patrie.

Ces conditions doivent, avant tout, établir une frontière propre à défendre l'Allemagne contre la politique de conquête exercée par la France, pendant plusieurs siècles, en annulant, tout au moins, les résultats des guerres malheureuses que l'Allemagne, alors qu'elle était démembrée, a dû faire par la volonté de la France, et en délivrant nos malheureux frères de l'Allemagne du Sud de la pression résultant de la position menaçante que la France doit à ses conquêtes antérieures.

(*Discours prononcé à Berlin, le* 24 *novembre* 1870, *à l'ouverture du Parlement fédéral allemand.*)

***

Du côté de la France, *il faut considérer avant tout l'Alsace et la Lorraine*, qui, dans les siècles précédents, ont été arrachées à l'Allemagne par la ruse et l'avidité conquérantes des Français.

(*Correspondance provinciale, organe de M. de Bismarck*, 3 *août* 1870.)

***

Après que la France a engagé cette guerre sans motifs, uniquement pour conquérir la rive gauche du Rhin, il serait insensé à l'Allemagne de ne pas profiter de l'occasion pour fortifier sa frontière de l'Est... *Le moins que l'Allemagne doive exiger, c'est l'Alsace et la Lorraine allemandes avec Metz et Thionville...*

(*Gazette d'Ausbourg*, 22 *août* 1870.)

***

Meaux, 16 septembre 1870.

Les conditions de paix, quel que soit le gouvernement, dûment autorisé à cet effet, avec lequel nous aurons à les traiter éventuellement, ne dépendent en aucune manière de la question comment et par qui la nation française est gouvernée.

Ces conditions nous sont dictées par la force des choses et la loi de la *défense contre un peuple voisin, violent et ennemi de la paix*. Les gouvernements allemands et le peuple allemand demandent d'une voix unanime que l'Allemagne soit protégée par *des frontières meilleures* que celles d'aujourd'hui, contre les menaces et les actes de violence auxquels tous les gouvernements français, depuis des siècles, se sont livrés à notre égard.

Aussi longtemps que la France possédera Metz et Strasbourg, sa position offensive sera stratégiquement plus forte que notre position défensive, pour tout le midi de l'Allemagne du Nord, située sur et à la rive gauche du Rhin. *Strasbourg entre les mains de la France est une porte toujours ouverte pour envahir l'Allemagne du Sud.* MAIS STRASBOURG ET METZ, EN NOTRE POSSESSION, prendront un caractère défensif : dans plus de vingt guerres, nous n'avons pas été, une *seule* fois, les agresseurs contre la France et nous n'avons rien à prétendre de ce pays que notre sécurité chez nous, qu'il a si souvent troublée.

La France, au contraire, ne considérera toute paix qui sera conclue maintenant, que comme une trêve ; et pour prendre sa revanche de ses défaites actuelles, elle attaquera de nouveau, avec la même déloyauté et le même esprit d'intrigue que cette année, dès qu'elle se sentira en état de le faire, par sa propre force ou par des alliances étrangères.

En rendant l'offensive plus difficile à la France, dont l'initiative a seule causé les perturbations de l'Europe, jusqu'à ce jour, nous agissons également dans l'intérêt de l'Europe, qui est aussi celui de la paix.

La paix de l'Europe n'a rien à craindre de l'Allemagne.

La guerre que nous avons si longtemps évitée par notre circonspection, et en faisant taire notre sentiment national sans cesse provoqué par la France, cette guerre nous a été imposée, malgré notre désir de vivre en paix. Maintenant, nous voulons exiger la sécurité de l'avenir, comme prix des efforts immenses que nous avons dû faire pour notre défense. Personne ne pourra nous reprocher un défaut de modération parce que nous tenons à cette demande juste et équitable.

Je vous prie de bien vous pénétrer de ces idées, et d'en faire usage dans vos entretiens.

De Bismarck.

« Ferrières, 1er octobre 1870.

« D'après les journaux, la délégation du gouvernement français, qui est à Tours, a publié un avis officiel, suivant lequel le soussigné aurait déclaré à M. Jules Favre que la Prusse veut continuer la guerre, et *réduire la France au rang d'une puissance de second ordre*.

« Bien qu'une pareille assertion ne puisse être

calculée pour produire de l'effet que sur les personnes qui ne sont pas familiarisées avec le langage usuel des négociations diplomatiques, ni avec la *géographie de la France*, le fait que cet avis porte les signatures de MM. Crémieux, Glais-Bizoin et Fourichon, et que ces messieurs font partie du gouvernement actuel d'un grand pays européen, me détermine à engager Votre Excellence à le soumettre à un examen dans vos délibérations officielles.

» Dans mes entretiens avec M. Jules Favre, la question des conditions n'a pas fait, en général, l'objet d'une discussion sérieuse, *et ce n'est que sur sa demande réitérée que j'ai exposé les mêmes idées qui forment le contenu principal de ma circulaire de Meaux, 16 septembre ;* je me suis borné à des indications générales, et je n'ai jusqu'à présent posé aucune condition qui serait allée au delà.

« LA CESSION DE STRASBOURG ET DE METZ A LAQUELLE NOUS PRÉTENDIONS, d'après ces indications, comporte, dans sa connexion territoriale, *une diminution du territoire français égale à peu près à l'agrandissement de ce territoire par l'annexion de la Savoie et de Nice, mais dont sa population surpasse d'environ* 750,000 *âmes celle des territoires acquis de l'Italie*. Maintenant, si l'on se rappelle que la France, d'après le recensement de 1866 (*Almanach de Gotha*, 1870, p. 514), compte 38 millions d'âmes, et avec l'Algérie, qui fournit actuellement, comme on sait, une partie essentielle de la force militaire de la France, 42 millions d'âmes, il est évident qu'une diminution de trois quarts de millions de cette population ne change rien à l'importance de la France vis-à-vis de l'étranger ; tout au contraire, elle laisse à ce grand État les mêmes éléments de puissance à l'aide desquels il a été en mesure d'exercer, dans la guerre d'Orient comme dans la guerre d'Italie, une influence si décisive sur les destinées de l'Europe.

« Ces indications sommaires suffiront pour opposer aux exagérations de la proclamation du 24 septembre la logique des faits.

« J'ajoute encore que j'ai expressément, dans nos entretiens, appelé l'attention de M. Jules Favre sur ces points de vue, et qu'il a été bien éloigné de ma pensée, comme Votre Excellence en sera convaincue même sans cette assurance, de faire une allusion blessante quelconque aux conséquences de la guerre actuelle pour la position future de la France dans l'ordre européen.

« DE BISMARCK. »

La France renonce en faveur de l'Empire allemand à tous ses droits et titres sur les territoires situés à l'est de la frontière ci-après désignée.

La frontière, telle qu'elle vient d'être décrite, se trouve marquée en vert sur deux exemplaires conformes de la carte du territoire formant le gouvernement général d'Alsace, PUBLIÉE A BERLIN EN SEPTEMBRE 1870 *par la division géographique et statistique de* L'ÉTAT-MAJOR GÉNÉRAL.

(*Convention de Versailles,* 26 *février* 1871.)

La France pouvait-elle se laisser arracher ces populations, si françaises par le cœur et le patriotisme, alors que Metz et Paris étaient encore debout, alors que la lutte, imprudente à coup sûr, — quelques-uns pourront dire insensée, — était encore possible ?

Nous ne le croyons pas. — L'honneur d'un peuple, comme celui d'un homme, n'est pas un vain mot, et l'estime de soi est aussi nécessaire à un pays qu'à un individu. Si la France, après Sedan, se fût laissé démembrer, avant d'être vraiment réduite à l'impuissance, la France aurait perdu toute estime d'elle-même.

(*Rapport de M. Chaper au nom de commission du 4 septembre.*)

Mais, les partisans de l'empire ont répondu, eux aussi, comme M. Chaper, que l'on n'accusera pas d'une partialité excessive en faveur des hommes du gouvernement de la Défense nationale.

Après Sedan, les ministres de l'empire voulaient continuer la lutte.

Voici le texte de la proclamation qu'ils adressaient à la nation :

Français,

Un grand malheur frappe la patrie.

Après trois jours de lutte héroïque, soutenue par le maréchal de Mac-Mahon contre 300,000 ennemis, 40,000 hommes ont été faits prisonniers.

Le général de Wimpfen, qui avait pris le commandement de l'armée, en remplacement du maréchal blessé, a signé une capitulation.

Ce cruel revers n'ébranle pas notre courage. Paris est aujourd'hui en état de se défendre.

Les forces militaires du siége s'organisent.

Avant peu de jours, une armée nouvelle sera sous les murs de Paris. Une autre armée se forme sur les rives de la Loire.

Votre patriotisme, votre union, votre courage sauveront la France.

L'empereur a été fait prisonnier dans la lutte.

Le gouvernement, d'accord avec les pouvoirs publics, prend toutes les mesures que comportent les événements.

(Le conseil des ministres.)

« Nous appelons toutes les forces vives de la nation « à défendre le territoire. Nous y mettrons toute « l'énergie possible, et nous ne cesserons nos efforts

« que quand nous aurons expulsé les Prussiens. »

(*Général Palikao. Corps législatif*, 3 *septembre* 1870.)

⁂

Voici des textes plus significatifs encore. L'impératrice se refusait à signer la paix, au prix d'une cession territoriale quelconque, et cela au moment de la capitulation de Metz.

Comment donc les partisans de l'empire reprochent-ils aux membres du gouvernement de la Défense nationale d'avoir cru à la possibilité de la lutte, alors que celui qu'on appelait encore le glorieux Bazaine tenait Metz avec une armée de 170,000 hommes !

Je n'ai qu'une chose à dire, au sujet de la façon dont l'impératrice m'a toujours affirmé qu'elle ne connaissait pas les conditions qui avaient été posées par M. de Bismarck ; jamais, à cet égard, Sa Majesté ne m'a laissé entrevoir l'ombre d'nn doute, et, ce qui a été pour moi un fait évident, C'EST QUE JAMAIS SA MAJESTÉ N'A VOULU CONSENTIR A UNE CESSION QUELCONQUE DU TERRITOIRE FRANÇAIS, dans toutes les combinaisons qui ont été mises en avant, et aussi dans les conseils que l'impératrice a tenus, à plusieurs reprises, à Londres, avec d'anciens dignitaires de l'Empire. Dans ces conseils, auxquels j'ai assisté, cette condition a toujours été écartée : JAMAIS L'IMPÉRATRICE N'EUT CONSENTI DANS AUCUN CAS, A UNE MUTILATION DU TERRITOIRE.

C'est là un fait qui est resté bien marqué dans mon esprit.

(*Déposition du général Boyer. Procès de Trianon.*)

J'ai vu le général Boyer à Londres le lendemain, ou peut-être le jour même de son arrivée. J'ai participé à des délibérations dirigées par S. M. l'impératrice, et dans lesquelles on a examiné les questions que soulevait la démarche du maréchal Bazaine.

Je n'ai pas, je crois, à entrer devant le conseil dans les détails de tous les faits qui se sont passés alors, des préliminaires de ces faits ; ces particularités doivent être connues du conseil, et, à moins qu'on ne m'en donne l'ordre, je ne parlerai pas.

Les questions qui se posaient pour nous étaient celles-ci : S. M. l'impératrice pouvait-elle faire quelque chose pour l'armée de Metz et faciliter les négociations qui auraient pu assurer les honneurs militaires à cette armée ? Y avait-il lieu, pour elle, d'accepter les propositions de paix qui étaient présentées au nom de M. de Bismarck ? Et, enfin, quelle pouvait être l'influence de ces négociations ainsi tentées, sur la défense que poursuivait le gouvernement d'alors ?

Sa Majesté n'a point hésité à faire les efforts les

plus multipliés, pour assurer des conditions favorables à l'armée de Metz, au moment où elle était obligée de se rendre; l'impératrice a écrit directement au roi de Prusse, à Versailles, par télégramme; elle s'est adressée à M. de Bernstorff, elle s'est adressée aussi indirectement, ou directement, je ne sais, à M. le comte de Bismarck; toutes ces démarches se sont formulées ainsi :

M. le général Boyer nous annonçait que la capitulation était imminente, que les vivres manquaient à toute l'armée.

S. M. l'impératrice a fait tous ses efforts pour obtenir un délai, en proposant un armistice avec ravitaillement.

La réponse s'est fait attendre vingt-quatre heures, et elle a été négative.

Quant au traité préliminaire de paix proposé au nom du comte de Bismarck, *nous avons rencontré chez Sa Majesté une résistance absolue et invincible à apposer sa signature sur un acte entraînant une mutilation de territoire. Je n'ajoute pas que nous avons fait des efforts pour la décider à entrer dans cette voie.*

Nous ne connaissions pas, d'ailleurs, d'une manière précise les propositions qui pourraient être faites.

Il s'était présenté, un mois avant, un homme dont il m'est difficile de définir le caractère, Régnier, qui nous avait fait entrevoir des possibilités de transaction, de négociations de traité de paix. Je ne l'ai jamais vu à cette époque; il m'est impossible de fixer assez mes souvenirs pour savoir quelles étaient les conditions de modifications du territoire qu'il indiquait. Il me semble me souvenir qu'il croyait que la Prusse, à cette époque, aurait traité moyennant une modification de frontières qui enlevait à la France trois cent cinquante mille habitants. Quant à la question pécuniaire, elle avait été indiquée par lui aussi, mais dans des proportions tellement excessives et singulières que je n'y avais attaché que peu d'importance.

Je suis peu renseigné sur les détails de cet incident, car dès le premier jour, je m'étais posé cette question : cet individu est-il un agent prussien, ou bien est-ce simplement un homme aventureux, cherchant simplement à être utile à son pays, sans se rendre compte des difficultés et des conditions dans lesquelles il intervient? Dans les deux cas, il ne me paraissait pas suffisamment accrédité pour qu'on attachât une importance quelconque à ses communications.

Je reviens à ce qui concerne les préliminaires de paix. *S. M. l'impératrice était absolument opposée à toute question relative à la modification des frontières de la France.*

(Déposition de M. Rouher. Procès de Trianon.)

A toutes ces preuves, les bonapartistes ont une réponse : « Si l'empire n'était pas tombé le 4 septembre, la

Prusse aurait consenti à la paix, sans exiger de cession territoriale. »

L'affirmation peut sembler téméraire, alors que le roi Guillaume a dit, dans une proclamation célèbre, qu'il faisait la guerre, non aux Français, mais à leur gouvernement.

Aussi, le besoin d'appuyer cette affirmation se faisant vivement sentir, les impérialistes ont fait entrer en scène... la Russie.

La Russie s'était engagée à arrêter l'Allemagne.

Elle l'avait promis d'une façon formelle, indiscutable.

Et, ajoutaient les bonapartistes, l'ambassadeur de France à Saint-Pétersbourg, l'a écrit en termes qui ne souffrent pas de discussion.

Qu'était devenue cette lettre précieuse?

Nul ne le savait, et les bonapartistes étaient peu empressés de fournir la preuve de leur affirmation.

Heureusement, la commission du 4 septembre avait tous les pouvoirs ; elle a pu pénétrer dans les archives du ministère des affaires étrangères, obtenir le texte vainement réclamé jusqu'alors. Le voici :

M. le général Fleury, ambassadeur de France à Saint-Pétersbourg, au prince de la Tour-d'Auvergne.

« Saint-Pétersbourg, le 30 août 1870.

J'ai eu, ce matin, un long entretien avec l'empereur Alexandre. Il a écrit tout dernièrement au roi de Prusse : il lui fait comprendre que, dans le cas où la France serait finalement vaincue, une paix basée sur une humiliation ne serait qu'une trêve, et que cette trêve serait dangereuse pour tous les États. Le roi aurait fait une réponse satisfaisante, dans laquelle serait désignée la grande difficulté pour lui de faire accepter par l'Allemagne l'abandon *d'une partie* des provinces conquises. Après un échange d'idées et une protestation énergique de ma part, le czar n'a pas insisté. Visiblement impressionné par mes paroles, il m'a dit avec animation qu'il partageait mon opinion, et qu'il saura bien, le moment venu, parler hautement si cela devenait nécessaire. *Si j'insiste sur ces nuances, c'est pour constater une fois de plus combien l'empereur Alexandre est dominé par les influences prussiennes*, et combien il paraît utile de venir périodiquement combattre le travail incessant du comte de Bismarck.

Voilà quelles étaient les dispositions personnelles du czar ; il ne promettait nullement à la France impériale de la garantir contre toute cession de territoire. Le général Fleury constatait lui-même que l'empereur Alexandre *était dominé par les influences prussiennes*. En tout cas, la dépêche de M. le général Fleury n'était que le simple récit d'une conversation avec le souverain; cette relation ne pouvait constituer, en aucune façon, un document ayant une valeur absolue; ce n'était nullement un acte diplomatique capable d'engager la politique de la Russie.

Sous l'influence de M. Thiers, la bonne volonté du czar se manifesta plus tard dans une certaine mesure ; on n'a aucune raison de croire qu'il l'aurait dépassée en faveur de l'impératrice Eugénie. La Russie n'avait pas dit à la France qu'elle lui ferait obtenir la paix à telle ou telle condition : L'empereur de Russie a écrit au roi de Prusse, en lui exprimant le désir que celui-ci accordât à la France une paix acceptable : le roi de Prusse a écarté la demande, et cela n'a pas eu de conséquences.

(*Rapport de M. de Rainneville sur les actes diplomatiques du gouvernement de la Défense nationale.*)

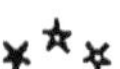

... A propos de ces démarches, lorsque l'Angleterre s'adressa à la Russie, au sujet de la proposition faite par moi de céder sur la question de démantèlement, le prince Gortschakof répondit : « *Nous, nous allions plus loin, nous avions demandé la paix sans cession territoriale, mais nous avons échoué.* » Dans toutes les négociations entre la Russie et la Prusse, l'empereur de Russie se réservait le soin de s'adresser lui-même au roi de Prusse. Ce n'était plus une négociation de gouvernement à gouvernement, mais une négociation d'empereur à roi.

(*Commission du 4 septembre. Déposition de M. de Chaudordy.*)

***

Demandera-t-on quel intérêt la Russie avait à soutenir l'Allemagne en 1870? Voici la réponse :

Et le plaisir de brouiller l'Angleterre avec la Russie ne peut pas, ne doit pas être la cause de cette bienveillance étrange avec laquelle l'Allemagne se prépare à contempler l'agrandissement de la Russie et le démembrement de la Turquie.

Il doit y avoir autre chose, *il doit y avoir un contrat.*

Quel est le prix de ce contrat? Qu'a exigé l'Allemagne?

Toute notre inquiétude est là, et bien fous ceux qui s'occupent d'autre chose, au sujet des affaires d'Orient.

Le contrat passé entre l'Allemagne est-il un ancien contrat, ET PAYE-T-IL LA NEUTRALITÉ DE 1870?

LA EST NOTRE UNIQUE ESPOIR.

(*M. Paul de Cassagnac. Pays du* 28 *octobre* 1876.)

CHAPITRE XI.

PROTESTATION DES OFFICIERS FRANÇAIS CONTRE LE JOURNAL LE DRAPEAU.

Breslau, 27 novembre 1870.

A Monsieur le rédacteur en chef du Drapeau.

J'ai l'honneur de vous remercier de m'avoir adressé trois exemplaires de votre journal *le Drapeau*, mais ne partageant en aucune façon les idées que sa rédaction cherche à répandre, *je vous prie de cesser, désormais*, tout envoi *de ce genre* à mon adresse.

. . . .

Vous n'avez aucune chance de succès auprès de notre malheureuse armée, permettez-moi de vous le dire, si vous persistez à répandre *les idées qui nous blessent tous, et qu'aucun ne partage.*

R. de C.-L.
14e de ligne.

Cologne, le 9 décembre 1870.

*A M. le dircteur de l'*Indépendance,

Il est peut-être bon que l'on se compte au moment où nous sommes. C'est pourquoi je viens vous prier de vouloir bien ajouter mon nom à la liste de ceux de mes camarades *qui repoussent, de toute leur énergie, la pensée de se faire les complices d'une tentative de restauration bonapartiste.*

J'espère que si mon nom tombe ainsi sous les yeux de M. Granier de Cassagnac, le rédacteur en chef du *Drapeau* reconnaîtra qu'il perdrait son temps, sa peine, et son papier à nous continuer plus longtemps l'envoi de son journal.

G.

3e tirailleurs algériens.

Cologne, 10 décembre 1870.

A M. le rédacteur en chef du Drapeau,

Depuis quelques jours, arrive à profusion et gratuitement à l'adresse des officiers prisonniers, un nouveau journal intitulé : *le Drapeau*. Ayant été compris dans cette distribution, nous avons l'honneur de vous prier de vouloir bien la faire cesser, en ce qui nous concerne.

Nous ne pouvons nous empêcher de trouver étrange la pensée qu'a votre feuille de représenter les idées de notre malheureuse armée, et d'engager ainsi notre complicité morale dans des intrigues que nous réprouvons de toute la force de notre patriotisme... Vous vous abusez étrangement en comptant pouvoir disposer de nos consciences, et en espérant que nous commettrons l'infamie de tendre la main à l'envahisseur de notre pays, pour l'aider à triompher de la courageuse et patriotique résistance de nos compatriotes.

L'armée appartient à la France, et elle obéira au gouvernement qu'elle se donnera.

Moins que tout autre, monsieur, vous devriez vous attribuer la mission de nous conseiller, car en nous reportant au titre de votre journal, nous serions peut-être autorisés à vous demander où vos conseils ont conduit le drapeau de la France.

(*Suivent les signatures.*)

Cologne, 10 décembre 1870.

Monsieur le rédacteur de *l'Indépendance,*

A quoi donc pensent les prisonniers français qui ne veulent pas recevoir le journal *le Drapeau?* Comment, cet organe du 2 Décembre pousse la gentillesse jusqu'à nous parler de la patrie absente, jusqu'à nous faire des sermons sur l'honneur militaire, la sainteté du serment, et ils ne sont pas contents!

Ils ne veulent pas que M. de Cassagnac nous fasse entrevoir, dans les brumes de l'avenir, les sauveurs de la société, de la propriété, de la religion et je ne sais plus de quoi, rentrant en France dans les fourgons prussiens!

Et, qui donc se serait douté que le 2 Décembre a été un loyal « appel au peuple », et le 4 Septembre « une œuvre de violence », si Cassagnac-Colomb ne l'avait, dans son *Drapeau*, dûment enregistré?...

Un journal est toujours utile à quelque chose..... depuis que j'ai vu des esprits sérieux, inconsolables des malheurs de la patrie, se dérider au récit des calembredaines que nous conte si bien l'honorable ci-devant député du Gers. Je soutiens que si tous les prisonniers français étaient consultés par un plébiscite *ad hoc*, tous répondraient: « Oui, nous voulons recevoir le *Drapeau* de Cassagnac! »

B.

Sous-lieutenant au 14e de ligne.

***

Halberstadt, 5 décembre 1870.

A M. de Cassagnac.

. . . .

Vous invitez l'armée, au nom de la discipline et

de l'honneur, à rester fidèle à son drapeau ! Elle ne l'a pas oublié, et c'est pour cela qu'elle ne saurait consentir au métier que vous lui proposez. L'armée française est tombée ; mais son plus grand malheur est l'insulte que vous ajoutez à son infortune. Vous voudriez, maintenant que nos frères, nos pères eux-mêmes, protégeant nos foyers, remplissent la noble tâche qui nous était destinée ; maintenant que la France n'est qu'un seul camp, dont le mot d'ordre est l'intégrité du territoire ; vous voudriez, qu'au mépris de cet héroïsme, nous vinssions ajouter encore aux angoisses de nos compatriotes, en leur laissant penser que, las d'être inutiles et malheureux, nous devenons dangereux et lâches, que nous consentions à ramener en France Napoléon III, et à protéger par les armes ce que vous appelez l'ordre, et qui serait un coup d'Etat.....

Détrompez-vous, monsieur ; nous sommes et nous avons toujours été les soldats de la France. Victorieuse ou vaincue, la France seule sera maîtresse de nos destinées. *La liberté de son vote aurait tout à craindre d'une armée prétorienne, et nous protestons contre tout rôle politique que l'on voudrait faire jouer à l'armée prisonnière en Allemagne.*

J. M.

Capitaine d'artillerie.

***

Leipzig, 18 décembre 1870.

A M. de Cassagnac.

... Vous jouez audacieusement sur les mots... Ne cherchez pas à nous bercer d'illusions, et n'essayez pas de corrompre le sens de notre protestation toute patriotique; *nous sommes tous convaincus que le parti bonapartiste s'est rendu impossible en France*, et si vous n'en voyez par les raisons qui crèvent les yeux, tant pis pour vous...

Cessez donc votre polémique malsaine. Gardez pour vous vos machinations et votre rage, et ne cherchez pas à jeter la discorde parmi nous. Nous sommes tous soldats de la France, de la France qui souffre, mais qui se défend.

(*Suivent les signatures.*)

Magdebourg, 17 décembre 1870.

A M. de Cassagnac.

Le mot *Drapeau* signifie pour nous honneur militaire, fidélité et dévouement absolus *à la patrie;* pour vous, il veut dire : services à rendre *au parti bonapartiste, dont l'ineptie et l'imprévoyance ont causé les malheurs de la France.*

Vous voyez bien que nous ne pouvons nous entendre, et vous ferez mieux de ne plus nous envoyer gratis votre journal.

Nous croyons fortement que le plusgrand malheur qui puisse arriver à la France serait une restauration bonapartiste.

(*Suivent les signatures.*)

***

Glogau, 10 décembre 1870.

*A M. le rédacteur de l'*Indépendance,

Les soussignés, officiers français prisonniers de guerre internés à Glogau, protestent de la façon la plus énergique contre les théories émises par *le Drapeau*, journal français, publié à Bruxelles, sous la direction de M. de Cassagnac.

(*Suivent les signatures.*)

***

Erfurth, 8 décembre 1870.

A M. de Cassagnac.

La rédaction du *Drapeau*, qui nous impose ses exemplaires, aurait dû comprendre qu'après Sedan et Metz, il ne pouvait y avoir dans un cœur vraiment français que deux sentiments : l'amour de la patrie, l'horreur du gouvernement qui l'a livrée à l'ennemi.

(*Suivent les signatures.*)

***

Mayence, 26 décembre 1870.

*A M. le rédacteur de l'*Indépendance.

Rêver une restauration impériale après les hontes de Sedan et de Metz est une idée monstrueuse, qui n'a pu être conçue que par des êtres aussi complètement dénués de sens moral que Louis-Napoléon Bonaparte et ses agents.

Nous ne serons pas complices d'une telle infamie. Que le rédacteur en chef du *Drapeau* le sache bien! *nous n'éprouvons pour son journal que mépris et dégoût.*

(*Suivent les signatures.*)

***

Rastadt, 10 décembre 1870.

A M. de Cassagnac.

Les officiers français soussignés, prisonniers à Rastadt, prient M. le rédacteur en chef du *Drapeau* de cesser de leur envoyer ce journal. Quelle que soit leur opinion, toutes leurs sympathies sont pour les hommes qui, sans reculer devant aucun sacrifice, poursuivent inflexiblement la défense du territoire.

Ils n'ont que du mépris pour ceux qui cherchent à troubler ces patriotiques efforts.

(*Suivent les signatures.*)

***

Bendorf (près Coblentz), 17 décembre 1870.

Ne pas adhérer aux protestations publiées déjà, serait donner *aux fauteurs de propagande bonapartiste* le bénéfice de notre silence, et entretenir leurs illusions.

Prisonniers de guerre, nous suivons avec le sentiment douloureux de notre inutilité présente, les énergiques efforts des hommes qui se consacrent à la défense de la patrie. Là sont nos sympathies et nos vœux.

Quant à ceux qui comptent sur les malheurs de la France, pour lui imposer un gourvernement qu'elle seule a le droit de choisir, *ils ne nous auront pas pour complices.*

(*Suivent* 16 *signatures.*)

***

Brême, 10 décembre 1870.

Il ne nous appartient pas de faire de déclaration politique ; nous affirmons seulement notre dévouement à la France et nos sympathies pour l'énergique et sublime défense de notre pays.

Nous ne pouvons rien avoir de commun, quoi qu'ils en disent, avec ceux qui, dans un intérêt dynastique nullement déguisé, semblent applaudir au courage des jeunes armées de la France, tandis que, par leurs écrits quotidiens, ils cherchent à briser leur vigueur, en leur enlevant l'espoir du succès et s'efforcent de paralyser l'action des hommes dont l'énergique patriotisme a su organiser la défense.

(*Suivent* 90 *signatures.*)

Bad-Nauheim, 15 décembre 1870.

Déjà, beaucoup de nos camarades ont eu recours à votre obligeance pour vous prier d'insérer une protestation qui est dans l'esprit de tous, et à laquelle les soussignés s'associent de cœur et d'âme.

(*Suivent* 11 *signatures.*)

***

Breslau, 27 novembre 1870.

*A M. le rédacteur en chef de l'*Indépendance.

En présence des odieuses prétentions du parti bonapartiste, nous avons cru de notre devoir de sortir de la réserve dans laquelle nous étions restés jusqu'à ce jour, pour protester de toutes nos forces contre les calomnieuses insinuations des conspirateurs de Wilhelmshoë.

Nos bras et nos cœurs sont à la France, *et nous considérons comme un crime toute tentative qui aurait pour but de faire violence à sa volonté souveraine.*

(*Suivent 42 signatures.*)

***

Magdebourg, 2 décembre 1870.

A l'heure des efforts héroïques du pays, il ne faut pas qu'une inquiétude énerve ses espérances.

Le parti bonapartiste parle d'une restauration secondée par l'armée ; c'est une illusion ou une calomnie.

Que les défenseurs de notre chère patrie le sachent bien, l'armée française n'appartient qu'à la France. La France seule pourra en disposer.

Les volontés de la nation seront nos ordres.

Puisse le serment d'obéissance que nous lui faisons ici être son encouragement dans le présent et sa sécurité dans l'avenir.

(*Suivent les signatures.*)

***

Magdebourg, 13 décembre 1870.

Nous vous prions de vouloir bien annoncer par la voie de votre estimable journal que *nous ne partageons en aucune façon les idées d'une restauration bonapartiste*, que semble vouloir préparer le journal *le Drapeau.*

(*Suivent* 11 *signatures.*)

***

Magdebourg, 19 décembre 1870.

Nous sommes inondés depuis quelque temps d'une publication qui nous ferait sourire de pitié, si elle ne nous soulevait de dégoût ; nous avons nommé LE DRAPEAU.

Ce journal paraît avoir mission de fausser l'opinion publique sur les sentiments qui animent l'armée française prisonnière en Allemagne, et, pour but évident, une restauration bonapartiste.

Laisser sans protester se continuer cette..... publication, serait, dans une certaine mesure, s'en faire le complice, et l'empêcher de tomber promptement sous le mépris public.

(*Suivent* 12 *signatures.*)

***

Magdebourg, 20 décembre 1870.

Nous partageons les sentiments de répulsion que les manœuvres odieuses du journal *le Drapeau* ont inspirés à un grand nombre de nos camarades, et nous vous prions de vouloir bien joindre notre protestation publique aux leurs.

(*Suivent* 10 *signatures.*)

***

Coblentz, 9 décembre 1870.

*A M. le rédacteur en chef de l'*Indépendance.

Les soussignés, officiers français, internés à Coblentz, n'ont pas reçu encore d'exemplaires du journal *le Drapeau*, comme leurs camarades des autres villes d'Allemagne; mais s'attendant à être tôt au tard l'objet d'une attention analogue de la part de la rédaction de cette feuille bonapartiste, *ils éprouvent le besoin de protester*, *d'avance et hautement*, *contre la qualification de traître, donnée par ce journal aux héroïques et derniers défenseurs de notre patrie.*

(*Suivent* 200 *signatures d'officiers.*)

***

Coblentz, 9 décembre 1870.

Les officiers français soussignés, prisonniers de guerre à Coblentz, *protestent d'avance*, de la manière la plus formelle, contre toute tentative de restauration bonapartiste ou autre qui aurait pour but d'entraver la défense nationale.

Ils déclarent, en outre, qu'ils reconnaissent le gouvernement qui défend actuellement le pays, *et non celui qui l'a livré, sans défense, à l'ennemi.*

(*Suivent* 36 *signatures.*)

***

Cologne, 10 décembre 1870.

Les officiers français, soussignés, prisonniers à Cologne, *sont résolus à ne prêter jamais, et sous aucun prétexte,* leur concours à une restauration de la famille impériale.

(*Suivent les signatures.*)

Cottbus, 14 décembre 1870.

Les officiers français internés à Cottbus, *exclusivement* animés du sentiment patriotique, *déclarent repousser hautement et avec l'indignation la plus méprisante* tout concours aux intrigues d'agents sans mandat, qui tendent à représenter les officiers français en Allemagne comme disposés à favoriser, à main armée, une tentative violente de restauration impériale.

(*Suivent* 60 *signatures.*)

***

Darmstadt, 14 décembre 1870.

A M. le rédacteur en chef de l'Indépendance.

. . . .

Nous ne savons pas ce qui se passe dans les conseils impériaux, mais nous protestons énergiquement contre toute idée de concours attribuée aux armées prisonnières en Allemagne : *une armée nationale n'est pas une garde prétorienne.*

Nos vœux ne sont que pour la France, que pour le gouvernement provisoire qui la dirige.

(*Suivent* 60 *signatures.*)

***

Erfurth, 14 novembre 1870.

... En réponse aux insinuations qui tendent à représenter l'armée comme travaillée par des influences de parti, nous tenons à protester.

Notre seul regret est de ne pouvoir joindre nos efforts à ceux du pays, et d'être réduits à l'impuissance, par suite d'un désastre dont nous déclinons la responsabilité.

(*Suivent 94 signatures.*)

***

Giessen, 11 décembre 1870.

Nous tenons à ce que les braves défenseurs de la France envahie sachent bien que *nous ne voulons nous associer, en aucune façon, à ceux qui rêvent une honteuse restauration bonapartiste*, et nous voulons protester contre le rôle déshonorant que voudraient nous faire jouer ceux qui inspirent les organes de ce parti.

Soldats, nous appartenons à la France, qui seule peut disposer de nous; *nous n'obéirons jamais qu'au gouvernement qu'elle aura choisi.*

(*Suivent 44 signatures.*)

***

Erfurth, 8 décembre 1870.

L'immense douleur d'assister, impuissante, à la dévastation de sa malheureuse patrie n'était donc pas suffisante pour l'armée française !

Il lui faut subir une épreuve plus pénible encore. *On voudrait faire planer sur son honneur les plus outrageants soupçons, en admettant la possibilité de sa coopération à la restauration du pouvoir qui a trahi la France.*

(*Suivent* 70 *signatures.*)

***

Erfurth, 11 décembre 1870.

Nous avons l'honneur de vous prier de vouloir bien ajouter nos noms à ceux de nos camarades, prisonniers de guerre en Allemagne, qui ont déjà protesté contre les menées dont une feuille anonyme, *le Drapeau*, cherche à nous rendre les complices.

Nous sommes les soldats de la France, nos vœux suivent nos frères qui défendent le pays, et nous ferons toujours cause commune avec eux.

(*Suivent* 6 *signatures.*)

***

Erfurth, 12 décembre 1870.

En présence de menées dont le but paraît être de disposer de l'armée prisonnière, *pour appuyer une restauration impériale, nous croyons devoir protester contre de pareils projets.*

(*Suivent* 17 *signatures.*)

***

Gœrlitz, 14 décembre 1870.

. . . .

Nous nous unissons, de toute la force de notre âme et de notre dévouement, à la pensée sublime qui soutient et guide les membres de la Défense nationale dans leur mission si difficile.

Soldats de la France, nous sommes bien malheureux de ne pouvoir combattre avec nos frères...

(*Suivent* 134 *signatures.*)

***

Halberstadt, 5 décembre 1870.

Le journal *le Drapeau*, dont les premiers numéros sont envoyés gratuitement à la plupart des officiers français prisonniers en Allemagne, et probablement à un certain nombre de sous-officiers, cherche à tromper l'armée entière, comme on a cherché à tromper l'armée de Metz sur l'état social de la France : le désordre y règnerait, la loi aurait perdu toute action, et l'armée seule, accompagnant l'ex-empereur, pourrait ramener les esprits égarés, et faire accepter la paix aux Prussiens.

Ces manœuvres appellent une protestation : nous l'adressons au *Drapeau,* et nous vous prions de l'insérer dans votre estimable journal.

J. M.

Capitaine d'artillerie, prisonnier
de guerre à Halberstadt.

***

Halberstadt, 11 décembre 1870.

Les officiers français soussignés, prisonniers à Halberstadt, *protestent hautement contre les maximes et les tendances* du journal *le Drapeau. Ils repoussent comme une insulte* le rôle qu'on veut leur faire jouer. Leur cœur et leurs vœux sont avec ceux qui, sous le gouvernement de la Défense nationale, combattent pour l'honneur et le salut de la France.

(*Suivent* 156 *signatures.*)

***

Hambourg, 2 décembre 1870.

L'armée appartient à la France, elle n'appartient pas à un parti. Prisonnière en Allemagne, par suite de machinations infâmes et ténébreuses, elle ne saurait oublier la honte des capitulations de Metz et de Sedan ; *elle répudie toute solidarité* avec des chefs qui espéraient et espèrent encore rétablir la dynastie napoléonienne sur les ruines de la nation...

Vive la République ! vive la France !

(*Suivent* 42 *signatures*.)

***

Hambourg, 9 décembre 1870.

Si je n'écoutais que mon indignation, il y a longtemps que j'aurais répondu aux articles du *Drapeau*.

Les officiers internés ici vont chercher leurs lettres au bureau de la commandature, et chaque jour, je suis heureux d'entendre les propos que l'on tient sur le nouveau journal bonapartiste et ses rédacteurs.

Les oreilles doivent singulièrement tinter rue de l'Écuyer, et d'une manière peu agréable.

Je crois que ces messieurs feraient bien de cesser tout envoi, à moins de bien connaître les personnes à qui les numéros sont adressés.

H. C...,

Sou^s-lieutenant au 5e dragons.

CHAPITRE XII.

LA RESPONSABILITÉ DE NOS DÉSASTRES.

M. L'INTENDANT DE LA VALETTE. — La responsabilité ! mais elle me paraît appartenir tout entière à ceux qui sont chargés de préparer la guerre. Préparer la guerre, c'est le premier élément pour arriver à la faire. C'est le fait du pouvoir ou du conseil des ministres qui savent s'ils veulent ou non la faire. C'est le fait du ministre spécial qui est chargé de donner les ordres de détail. C'est le fait de l'administration centrale de la guerre, des intendants dans les divisions territoriales ou des intendants de corps d'armée. Mais le point de départ, on ne peut le prendre que chez le ministre.

(Commission des marchés.)

***

Nous voulons, sans passion et sans faiblesse, dire la vérité telle que nous l'avons reconnue. Disons d'abord que la responsabilité de la déclaration de guerre pèse tout entière sur l'empereur et les ministres qui l'ont déclarée. Qu'ils prouvent, s'ils le peuvent, et des dépositions importantes vous seront communiquées où l'on cherche à l'établir, que la Prusse les a poussés, les a contraints, vous aurez, Messieurs, à juger si cette contrainte a été réelle, et si, pour y échapper, ils ont fait leur devoir.

Nous ne pouvons entrer ici dans ce débat. Ce que nous affirmons, parce que nous le croyons vrai, c'est qu'on chercherait, en vain, à rejeter sur le pays lui-même la responsabilité de la guerre ; le pays n'avait pas à en juger les chances bonnes et mauvaises ; le pays n'avait pas à se faire des alliances et des canons, à négocier, à armer et à munir les places fortes.

Le pays a donné autant d'hommes, autant d'argent qu'on lui en a demandé ; le pays a cru, et comment ne l'eût-il pas fait, lorsque les ministres l'affirmaient publiquement à la face de l'Europe, — d'une part, qu'on était prêt, de l'autre qu'on était insulté, menacé ; et si, alors, il a battu des mains à la déclaration de guerre, il ne faut pas lui en faire un crime, mais un mérite. Le crime, ou tout au moins la faute, est à ceux qui l'ont trompé, ou qui se sont trompés ; ceux-là sont les vrais, les grands coupables, et le devoir de la France est de s'en souvenir.

(*Rapport de M. Chaper sur le 4 septembre.*)

On dit beaucoup : le Corps législatif n'a pas donné au gouvernement les ressources nécessaires ; le Corps législatif, en mesurant d'une main un peu avare les crédits, n'a pas mis l'administration de la guerre à même de refaire les arsenaux, de les compléter. Et, alors nous devons nous poser cette question : Si le ministre de la guerre, si l'administration du ministère de la guerre ont laissé ignorer au pays la situation réelle des choses dans la crainte que des révélations ne vinssent montrer l'étendue de la faute commise au Mexique, et que le pays et le Corps législatif aient, par suite, ignoré la détresse qui était la conséquence de cette expédition malencontreuse, on ne peut reprocher au Conseil législatif de n'avoir pas proportionné les crédits aux besoins. N'était-il pas, dans ce cas, du devoir du ministre et de l'administration de la guerre de dire clairement au pays : « Ce n'est pas à l'aide des ressources du budget ordinaire que vous réparerez les ruines causées par une guerre malencontreuse. » Si cet aveu avait été fait, si la situation vraie lui avait été révélée, le Corps législatif n'aurait certainement pas refusé les subsides indispensables. Il est donc nécessaire que nous sachions si l'administration de la guerre, par ses employés supérieurs, n'a pas eu cette inspiration de peser sur le ministre pour l'engager à faire l'aveu de cette situation.

Bref, il ne nous semble pas juste de faire peser sur le Corps législatif la responsabilité de l'insuffisance des budgets, si on ne lui a pas révélé toute l'étendue des besoins.

(*M. le duc d'Audiffret-Pasquier. Commission des marchés.*)

***

Aigri par le malheur, le public français a voulu s'en prendre à quelqu'un, et il a cherché parmi les ministres de l'empire. Il devait chercher plus haut, et suivre sur ce point la constitution de 1852. C'est l'empereur qui, flottant sans cesse de la paix à la guerre, regrettant la paix quand il s'en voyait tout près, parce qu'elle ne lui donnait pas les satisfactions qu'il espérait de la guerre, regrettant la guerre quant il la voyait s'avancer, parce qu'il avait l'instinct de son danger; c'est l'empereur qui, dans cette journée du 12 juillet, lorqu'il venait d'acquiescer à la paix, changeant tout à coup de résolution, soit qu'il fût troublé du mécontentement qu'avait et surtout qu'affectait cette coterie de la guerre qu'il prenait pour un parti, soit qu'il s'égarât lui-même à suivre les traditions mal comprises de sa famille; c'est l'empereur qui a écrit à M. de Gramont la lettre dont il a autorisé la publication, sans doute pour disculper son ministère, et pour maintenir sa responsabilité souveraine jusque dans la chute de son règne.

(*Rapport de M. Saint-Marc Girardin sur le 4 septembre.*)

Wilhelmshohe, 29 octobre 1870.

« Mon cher sir Burgoyne,

« Je viens de recevoir votre lettre qui m'a fait le plus grand plaisir, parce qu'elle est une preuve touchante de votre sympathie pour moi, et ensuite parce que votre nom me rappelle le temps heureux et glorieux où nos deux armées combattaient ensemble pour la même cause.

« Vous êtes le Moltke de l'Angleterre, vous aurez compris que nos désastres viennent de cette circonstance que les Prussiens ont été plus tôt prêts que nous, et que, pour ainsi dire, ils nous ont surpris en flagrant délit de formation. L'offensive m'était devenue impossible, je me suis résolu à la défensive. *Mais empêché par des complications politiques,* la marche en arrière a été arrêtée, puis est devenue impossible.

« Revenu à Châlons, j'ai voulu *conduire la dernière armée qui nous restait à Paris, mais là encore des complications politiques nous ont forcé à faire la marche la plus imprudente et la moins stratégique, qui a fini le désastre de Sedan.*

« Voilà, en peu de mots, ce qu'a été la malheureuse campagne de 1870. Je tenais à vous donner ces explications, parce que je tiens à votre estime.

(Lettre de Napoléon III à sir John Burgoyne.)

***

« De deux choses l'une, ou bien, quand on est venu porter au Corps législatif les états qui ont décidé le pays à entreprendre cette guerre folle, ils étaient sincères, et alors qu'est devenu le matériel qu'ils indiquaient?

« Ou bien ils n'étaient pas sincères : qu'avez-vous fait alors des ressources qu'on donnait, chaque année, pour le ministère de la guerre, 400 millions annuels et 440 millions pour la transformation de l'armement? »

(*Discours de M. le duc d'Audiffret-Pasquier.*)

***

M. Target. — ..... Je propose la motion suivante :

« L'Assemblée Nationale clot l'incident et dans les circonstances douloureuses que traverse la patrie, et en face de protestations et de réserves inattendues, confirme la DÉCHÉANCE de Napoléon III et de sa dynastie, déja prononcée par le suffrage universel, et le déclare RESPONSABLE de la ruine, de l'invasion et du démembrement de la France. » (*Acclamations prolongées.*)

Ont signé : MM. Target, Bethmont, Jules Buisson, Réné Brice, Ch. Rolland, Tallon, le duc de Marmier, Pradel, Ricard, Girerd, Lambert de Sainte-Croix, Wilson, Ch. Alexandre, Baragnon, Léon Say, Victor de Laprade, Louis Viennet, Farcy, F. Dupin, Marcel

Barthe, comte d'Osmoy, Wallon, Ch. Rives, comte de Brettes-Thurin, Villain.

(*Les membres des diverses parties de l'Assemblée se lèvent en applaudissant, et en criant :* Très-bien ! Bravo ! bravo !)

M. Conti. — Je demande la parole.

M. Gavini. — Messieurs... (Non, non, c'est voté.) Je dois protester de toutes les forces de mon âme... (*Nouvelles et bruyantes interruptions.*) contre la proposition... (Assez ! assez !) Cette assemblée n'a pas le droit de prononcer sur la question qui lui a été présentée ; élue pour une mission spéciale, elle n'est pas constituante... (*Réclamations.*)

Nouveaux cris. — Aux voix ! aux voix !

M. Gavini.—Le suffrage universel seul peut détruire l'œuvre qu'il a édifiée par quatre plébiscites solennels : faites appel au suffrage universel, si vous l'osez (Aux voix ! aux voix !) et alors, lorsque le peuple aura prononcé, bien criminel sera celui qui ne se soumettra pas à sa volonté seule souveraine. (Aux voix ! aux voix ! — *Le bruit couvre la voix de l'orateur.*) Je proteste contre la proposition.

M. de Tillancourt. — Aux voix, et à l'ordre !

M. le marquis de Larochejacquelein. — Le peuple a prononcé en nous envoyant ici.

(*M. Gavini descend de la tribune, au milieu des cris :* Aux voix ! — *Une vive agitation règne dans l'Assemblée.*)

M. le Président. — La proposition est la clôture de l'incident.

On a demandé le scrutin public sur cette proposition.

De toutes parts. — Non ! non ! c'est inutile.

M. Conti. — Vous ne permettez pas de la discuter !

M. Cochery *s'adressant à MM. Conti et Gavini.* —Vous froissez tous les sentiments de l'Assemblée, et à quel moment ! (*Bruit général.*)

M. Thiers, *chef du pouvoir exécutif.*—Donnez la parole à M. Conti. (Non ! non ! oui !)

Monsieur le Président, donnez-leur la parole pour qu'ils justifient les fautes de l'empire.

Plusieurs membres. — Oui ! oui ! qu'ils le fassent, s'ils l'osent.

(*M. Thiers monte à la tribune, au milieu des applaudissements de l'Assemblée.*)

M. le Président. — La parole est à M. Thiers, chef du pouvoir exécutif.

M. Thiers, *chef du pouvoir exécutif.* — Messieurs, je vous ai proposé une politique de conciliation et de paix, et j'espérais que tout le monde comprendrait la réserve et le silence dans lesquels nous nous renfermons à l'égard du passé. Mais, lorsque ce passé se dresse devant le pays.... (*Vive adhésion. — Bravos et applaudissements.*)

M. Conti. — Je demande la parole.

M. Thiers, *chef du pouvoir exécutif.*—Lorsque ce passé semble se jouer de nos malheurs dont il est l'auteur.... (Oui ! oui !— *Nouveaux bravos.*) .... Le jour où le passé se dresse devant nous, quand nous voudrions l'oublier, lorsque nous courbons la tête sous ses fautes, permettez-moi de le dire, sous ses crimes... (Oui ! oui ! C'est vrai !) Savez-vous ce que disent en Europe les princes que vous représentez, je l'ai entendu de la bouche des souverains, ils disent que ce n'est pas eux qui sont coupables de la guerre, c'est la France, ils disent que c'est nous ! Eh bien ! que je leur donne un démenti à la face de l'Europe. (*Applaudissements.*) Non, la France n'a pas voulu la guerre (Non ! non !) c'est vous, vous qui protestez, c'est vous qui l'avez voulue. (Oui ! oui !)

(*M. Conti, au pied de la tribune, adresse à l'orateur des paroles qui sont étouffées par les cris :* N'interrompez pas ! A l'ordre, à l'ordre !—*Plusieurs représentants, au pied de la tribune, interpellent vivement M. Conti.*)

M. le Président. — J'engage Messieurs les représentants à s'éloigner du pied de la tribune, et à prendre leurs places, c'est une condition du silence et de l'ordre dans la discussion. (C'est vrai ! — Très-bien !)

M. Thiers, *chef du pouvoir exécutif.* —Vous avez méconnu la vérité, elle se dresse aujourd'hui devant vous, et c'est une punition du ciel de vous voir ici, obligés de subir le jugement de la nation, qui sera le jugement de la postérité. (Oui ! oui !— *Vifs applaudissements.*)

Eh bien! vous venez soutenir ici l'innocence du maître que vous serviez. Je respecte, toujours, toutes les douleurs ; ce n'est pas l'individu que j'attaque.

M. Conti. — Il n'y paraît guère!

M. Thiers, *chef du pouvoir exécutif.*— Mais, vous voulez soutenir ici l'innocence du maître que vous avez servi. Si l'Assemblée écoute mon conseil, elle vous laissera la parole.

Eh bien ! venez parler des services rendus à la France par l'empire. Il en est beaucoup de nous qui vous répondront à l'instant même. (C'est vrai! Très-bien !)

Si l'Assemblée veut clore l'incident, (Oui, oui.) ce sera plus sage et plus digne, (*Assentiment.*) mais si elle ne veut pas clore l'incident, je la supplie de laisser parler à cette tribune les représentants de l'empire.

Je n'ajoute plus qu'un mot : Quant au droit national, vous dites que nous ne sommes pas une Constituante. Mais, il y a une chose qui ne fait pas question, c'est que nous sommes souverains. (Oui, oui, souverains.)

Savez-vous pourquoi? C'est que depuis vingt ans, c'est la première fois que les élections ont été parfaitement libres (*Acclamations.*) et que le pays a pu dire librement sa volonté. (*Réclamations de M. Conti et de M. Gavini.*)

M. Ducuing, *s'adressant à M. Conti et à M. Gavini.* — La preuve, c'est que vous avez été nommés !

M. Thiers, *chef du pouvoir exécutif.* — La clôture de l'incident, c'est ce qui serait le plus digne. (Oui, oui.) Mais, si la clôture ne prévalait pas, écoutez alors ceux qui voudraient venir se justifier, nous leur répondrons. Pour moi, je demande la clôture de l'incident. (*Vive adhésion.* — Très-bien ! — L'ordre du jour !)

M. Conti. — Vous voulez étouffer la discussion, c'est ainsi que vous procédez. Je demande la parole pour combattre la protestation qui a été faite. (*Exclamations nombreuses.*)

M. le Président. — La clôture de l'incident a été demandée...

M. Louis Blanc. — Je demande la parole.

Cris nombreux. — La clôture ! La clôture !

M. le Président. — La clôture de l'incident ayant été demandée, je dois la mettre aux voix.

Il m'a été remis une demande de scrutin de division. (*Exclamations.*)

Les auteurs de la demande de scrutin persistent-ils? (Non ! non !)

M. Paul Bethmont. — Votons par acclamation !

M. le Président. — Je mets aux voix la clôture de l'incident, dans les termes où elle a été proposée et que voici :

L'Assemblée nationale clôt l'incident, et dans les circonstances douloureuses que traverse la patrie, en face de protestations et de réserves inattendues, confirme la déchéance de Napoléon III et de sa dynastie, déjà prononcée par le suffrage universel, et le déclare responsable de la ruine, de l'invasion, et du démembrement de la France :

(Aux voix ! aux voix !).

M. CONTI. — Je demande la parole. (Non ! non !)

M. le PRÉSIDENT. — Je mets aux voix la clôture et l'incident dans ces termes.

(La clôture est mise aux voix, et adoptée à une très-grande majorité. — Quelques membres seulement se lèvent à la contre-épreuve ; plusieurs autres s'abstiennent.)

M. COCHERY. — Je constate que cinq membres seulement se sont levés à la contre-épreuve.

M. DANIEL WILSON. — Il y en a eu six, pas un seul de plus ! Je demande que ce soit constaté au *Moniteur*.

Un membre à droite. — Il y a eu des abstentions.

(*Séance du* 1er *mars* 1871. *Compte rendu sténographique.* — Journal officiel *du* 4 *mars* 1871.)

TABLE DES MATIÈRES.

Paris. — Impr. Paul Dupont, rue Jean-Jacques-Rousseau, 41 (1266, 9-7).

www.ingramcontent.com/pod-product-compliance
Ingram Content Group UK Ltd.
Pitfield, Milton Keynes, MK11 3LW, UK
UKHW022050190726
13855UKWH00002B/467